一般社団法人日本多胎支援協会【著】

ふたご・みつごの安心！妊娠・出産・子育てブック

多胎育児の基礎知識と
使える制度・ノウハウ

SE
SHOEISHA

はじめに

ふたごちゃん、みつごちゃんの妊娠おめでとうございます！

うれしい反面、不安もいっぱい。わからないことだらけ。「ふたご」と聞いて頭が真っ白。はじめての妊娠でふたごなので、育てられるのか不安。上の子がいて、下に「ふたご」と聞いていっぺんに増える子どもの数に戸惑う。どれも当たり前です。みなさんの先輩ママも同じ気持ちになりました。あなただけではありません。

この本は、そんなあなたの不安に寄り添うものでありたいと思ってつくりました。

日本では、妊婦さんのおよそ１００人にひとりがふたごを妊娠します。子ども側から見ると50人にひとりがふたごです。案外多いのです。少し探してみると身近に仲間がいるかもしれませんね。

でも、ふたご・みつごの妊娠、出産、育児は、ひとりの場合とは違うことがたくさんあるのも事実です。
妊娠中には体調が目まぐるしく変化して気持ちがついていかないこともあるかもしれません。産まれた後の育児は負担が大きく、つらかったり思い通りにならないと思ったりすることがあるかもしれません。
だから、覚悟や準備は必要なのです。
でも、安心してください。
助けてくれる人はたくさんいます。使える制度やサービスもあります。仲間もいます。

ふたご・みつごの妊娠、出産、育児を乗り切るためには、正しい情報を得ることが大切です。正しい情報を得ることで安心できることがたくさんあるからです。
妊娠中、早めに準備をすることでスムーズに育児ができることもあります。

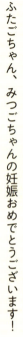

そうした覚悟や準備のポイント、協力体制の整え方を知っていれば、負担はかなり減らすことができます。

この本は、そうした物心両面の準備に役立つような内容になっています。

執筆者は日本多胎支援協会の先生方です。

日本多胎支援協会には、長年、多胎の研究をしてきた大学の先生、ふたご家庭を支援してきた支援者、多胎支援に明るい医師・助産師・保健師・心理士・社会福祉士などがたくさんいます。

そういう人たちが、これまでの研究の知見やサポート経験から得た知識をもとに、ふたご家庭が求める情報を載せたのが、この本です。

あなたが安心して安全にふたご・みつごを産み、子育てしていけるように願って、必要な情報を集めました。

ぜひ、ご夫婦だけでなく、おじいちゃんおばあちゃんなど、ご家族みなさんで読んで、情報を共有し、ふたご・みつごの妊娠、出産、育児について理解していただけたらと思います。

子どもを産み育てるということは大変なことです。まして、ふたごやみつごを育てたことがない人にとっては未知の世界です。うまくできなくて当たり前。戸惑って当たり前です。それを恥ずかしがることはありません。手助けを求めてよいのです。知らないことは教えてもらえばよいのです。

たくさんの人に助けてもらうことは、親以外に信頼できる大人が世の中にたくさんいるということを教えることになるので、子どもたちにとっても、むしろよいことなのです。

そうやって地域の中で楽しいふたご・みつごライフが過ごせるヒントに、この本がなれば幸いです。

大変だけど、楽しいことや喜びも倍以上のふたご・みつごライフ。最後には、そうした道のりを振り返って、ふたごやみつごママパパ、ふたごやみつご本人からのメッセージを載せておきました。

これから始まるあなたのふたご・みつごライフが、自分とふたごちゃんみつごちゃんを、そして家族や周りの人を大切に思え、幸せを実感できる毎日であることを願っています。

※本書においては、多胎（ふたごやみつご、それ以上）の総称として「ふたご」を用い、みつごなどに特化した内容においては、「みつご」などと明示します

はじめに　2

1章　ふたご妊娠の基礎知識

多胎妊娠と出産の現状　10
ずばり気になる 一卵性と二卵性の違い　12
ふたごママのマタニティカレンダー　14
多胎妊娠におけるリスクと妊婦健診　16
多胎妊娠中に起こりやすい異常　18
赤ちゃんたちに起こりやすい健康問題　22
多胎妊娠中に起こりやすいマイナートラブル　24
ふたご妊娠中の過ごし方　28
家族や周りの人々ができること　32
ふたごの妊娠・出産の病院選びで大切なこと　36
多胎妊娠中のママの心の状態　38
多胎出産における出産準備品について　40
Column 1 ふたごの名前を考えるポイント　42

2章　ふたごの出産

多胎における出産の時期と方法 44
ふたごやみつごは小さく生まれやすい 48
ふたご出産後の体と心 52
産後に陥りやすいマタニティブルーズと産後うつ 56
ママだけじゃない！ パパの産後うつ 60
赤ちゃんが亡くなってしまうことについて 62
Column 2 ひとり親の子育て 64

3章 1歳までの生活と注意点

誕生～3カ月までの赤ちゃんたちとの生活 66
ふたごの発育・発達の目安と見守り方 68
ふたごならではの「同時授乳」を覚えよう 70
赤ちゃんたちの安全な沐浴・お風呂の方法 74
ふたご家庭における事故予防のポイント 78
家事の負担を減らして多忙な育児を乗り越えよう 80
3カ月～1歳までの赤ちゃんたちとの生活 82
離乳食の効率を高めよう 84
お風呂での事故を防ぐために 86
予防接種のポイントと注意点 88
子どもたちを連れた外出は無理なく進めよう 90
子どもたちが1歳になるまでのママの体と心 92
親子関係の中で大切にしたいこと 94
〝子どもたちを見分ける〟ということ 96
Column 3 多様な家族のあり方 98

4章 3歳までの生活と注意点

1～3歳までの子どもたちとの生活 100
子どもたちの発育発達と多胎ならではの困難 102
トイレトレーニングは慌てずに進めよう 104
離乳食の完了から幼児食への移行 106
子どもたちとの外遊び・外出の注意点 108
ふたご家庭における1～3歳の事故予防 110
ふたご家庭における保活・園選びのポイント 116
Column 4
ふたご当事者の声 ～「平等」とは～ 118

5章 ふたごたちとの暮らしと悩み

子どもたちのクラス分けについて 120
どうする？ 子どもたちのクラブ活動・習い事 122
一緒？ 別々？ 子どもたちの進路と受験 124
年齢によって変化する子ども同士の関係性 126
性別の異なるふたご・みつごの関係性 130
ハンディ（病気や障がい）があるとわかったら 134
Column 5
「悔しいけどうれしい！」ふたごの競争心 138

6章 制度やサービス・暮らしの支え

多胎妊娠がわかったら利用したい制度やサービス　140
赤ちゃんたちが生まれたら利用したい制度やサービス　142
ふたご家庭における家計管理と資産形成　148
社会保障制度を有効的に活用しよう　150
ふたご・みつごママの復職体験談　154
ふたご・みつごパパの家事・育児　156
パパの育休活用と育休に対する考え方　158
ふたごやみつごのおじいちゃんおばあちゃんへ　160
Column 6 福祉はあなたの身の回りに　162

7章 子どもたちからママ・パパへ

「ふたごに生まれて、よかった!」　164
ふたごの下の子からのメッセージ　170
「罪悪感」を持つ必要はまったくありません!　166
みつごのママ・パパになる方へ　172
ふたごの上の子からのメッセージ　168

参考文献　174
執筆協力(日本多胎支援協会理事一覧)　175

本書内容に関するお問い合わせについて

このたびは翔泳社の書籍をお買い上げいただき、誠にありがとうございます。弊社では、読者の皆様からのお問い合わせに適切に対応させていただくため、以下のガイドラインへのご協力をお願い致しております。下記項目をお読みいただき、手順に従ってお問い合わせください。

●ご質問される前に

弊社Webサイトの「正誤表」をご参照ください。これまでに判明した正誤や追加情報を掲載しています。

正誤表　https://www.shoeisha.co.jp/book/errata/

●ご質問方法

弊社Webサイトの「書籍に関するお問い合わせ」をご利用ください。

書籍に関するお問い合わせ　https://www.shoeisha.co.jp/book/qa/

インターネットをご利用でない場合は、FAXまたは郵便にて、下記“翔泳社 愛読者サービスセンター”までお問い合わせください。

電話でのご質問は、お受けしておりません。

●回答について

回答は、ご質問いただいた手段によってご返事申し上げます。ご質問の内容によっては、回答に数日ないしはそれ以上の期間を要する場合があります。

●ご質問に際してのご注意

本書の対象を超えるもの、記述個所を特定されないもの、また読者固有の環境に起因するご質問等にはお答えできませんので、予めご了承ください。

●郵便物送付先およびFAX番号

送付先住所　〒160-0006　東京都新宿区舟町5

FAX番号　03-5362-3818

宛先　（株）翔泳社 愛読者サービスセンター

1章

ふたご妊娠の基礎知識

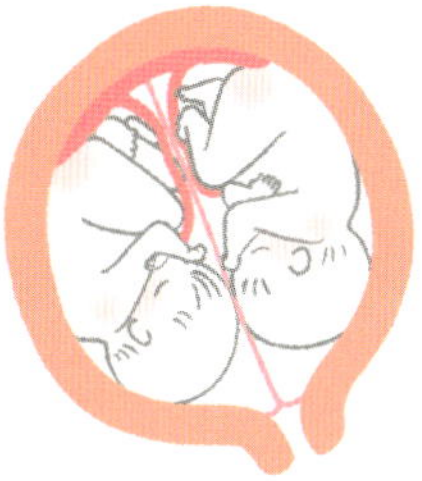

まだまだ不安な気持ちでいっぱいかもしれませんが、大丈夫です。
まずは、ふたご妊娠に関する基本的な知識を
身につけることから始めましょう。
「知る」ことで、少しずつ気持ちが落ち着いていくはずです。
そして、今できることから準備を進めていきましょう。

基礎知識

多胎妊娠と出産の現状

ふたごを妊娠していると知り、きっと驚いたのではないでしょうか？まずはふたごの出生数を見てみましょう。

2種類の多胎妊娠

ふたり以上の胎児を同時に妊娠している状態を「多胎妊娠」といいます（それに対して、ひとりの妊娠を単胎妊娠といいます）。また、胎児の人数に応じて双胎（ふたご）、三胎（みつご）、四胎（よつご）などと呼ばれることもあります。

多胎妊娠は、大きく2種類に分類することができます。ひとつの受精卵がふたつに分離してふたりの赤ちゃんになる一卵性と、ふたつの卵子が同時に受精してふたりの赤ちゃんになる二卵性です（12ページ参照）。

これは3人以上を妊娠している場合も同様で、例えばみつごの場合は、一卵性か二卵性か三卵性のいずれかになります。

日本における多胎出生率の増減

日本において、自然妊娠におけるふたごの出産は、出産1000に対して6組程度といわれていました。

しかし、1980年代半ばに体外受精が本格化したころから徐々に増加し、不妊治療の普及とともに2005年には出産1000に対して12組近くまで増加しました。これは不妊治療で排卵誘発剤を使用して妊娠した場合や、体外受精で複数の受精卵を子宮に戻して妊娠した場合などに、複数の受精卵が着床しやすくなるためです。

また、高齢妊娠は多胎妊娠となる可能性が高いといわれ、昨今の妊婦

多胎のポイント
妊娠の種類

多胎妊娠

ふたり以上の胎児を同時に妊娠している状態。いわゆる「ふたご」や「みつご」のこと

単胎妊娠

ひとりの胎児を妊娠している状態。「多胎妊娠」と区別するためにこのように呼ばれることがある

の高齢化も多胎妊娠の増加に影響しているといわれています。

現在は体外受精・胚移植での移植胚数を原則1個にという日本産科婦人科学会が設けた制限により多胎出産はピーク時より減少し、特にみつごの出産は激減しました。とはいえ、不妊治療が普及している傾向に変わりはなく、**多胎の出産は、出産100に対して1組程度（1％）といわれています**。

なお、自然に妊娠すると一卵性のふたごの出産は世界共通で同じ割合（おおよそ1000分娩中の4組が一卵性）であるといわれています。日本人は二卵性のふたごが比較的少ない人種で、一卵性のふたごは二卵性のふたごの倍の頻度でした。

しかし、不妊治療が普及した現在では二卵性のふたごが多くなっています。現在では、多胎児の約98％がふたごです。

多胎出産の件数と割合

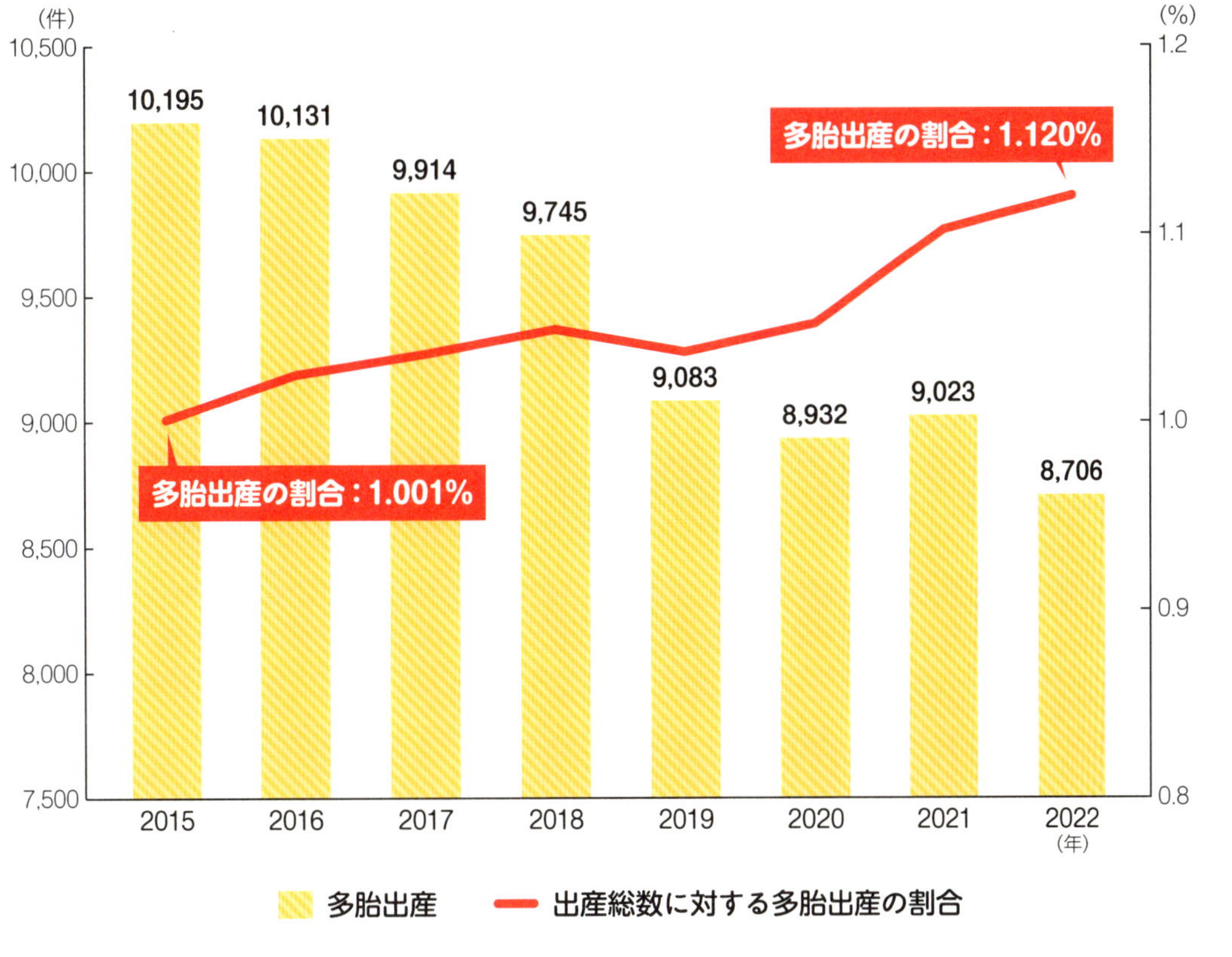

出所：厚生労働省「人口動態統計」

基礎知識

ずばり気になる一卵性と二卵性の違い

ふたごの話題で耳にすることの多い「卵性」とは、何でしょうか？
その意味と、子育てへの影響を知りましょう。

一卵性と二卵性 それぞれの特徴

一卵性はひとつの受精卵が細胞分裂の早期に分離して、それぞれが子宮内に着床し発育したものであるため、ふたつの受精卵が持つ遺伝子は同じです。そのため、原則的にふたりの性別は同じとなり、見た目も含めてよく似ることになります。

一方で、**二卵性はたまたま同時に排卵されたふたつの卵子がそれぞれ異なる精子と受精して、子宮内に着床し発育したものです。**

そのため一卵性と比較すると、「きょうだいが一緒に生まれてきた」ということになります。遺伝子情報は別のため、ふたりの性別や血液型は異なる可能性があり、見た目も、きょうだい程度に差があります。

卵性を知ることの意味と権利

卵性がはっきりわからなくても、子どもたちが元気に育っていれば問題がないともいえますが、やはり親としても、子どもたち本人にしても、卵性を知っておきたいという思いは当然のことでしょう。また周囲の人から卵性を聞かれることも多いと思います。

国際多胎組織協議会は「ふたご・多胎児の権利の宣言とニーズの声明」の中で、**多胎児の両親と本人にとって卵性を知ることは権利として位置づけています。**

卵性を知ることの意味として、例えば、医療上の理由としてある種の遺伝性疾患が1児に発症したとき

多胎のポイント
卵性の違い

一卵性

ほぼ100％同じ遺伝子情報を持つふたごやみつご。そのため性別や血液型が原則的に同じになり、見た目もそっくり

二卵性

約50％同じ遺伝子情報を持っており、性別や血液型が異なる場合も。見た目も年の離れたきょうだい程度に差がある

に、ほかの児がどの程度同じ疾患にかかりやすいかを知るためということが挙げられます。また、臓器移植でも、一卵性双生児であると免疫拒絶反応が少ないといわれます。

子育てにおよぶ卵性の影響

児の発育発達は遺伝の影響を受けるため、卵性の違いは親の子育ての姿勢にも影響するでしょう。

一卵性であればふたりの運動能力や知的能力はおおよそ同じだと認識して育てることができます。もちろん、環境の違いなどにより、それぞれの子どもに個性の違いは現れてきます。例えば食事や運動などのライフスタイル、学校の先生や友達などの社会関係などの違いから、それぞれの子どもの個性がつくられていくでしょう。しかし、見た目を含め似ているところは多く、ある程度はその「似ているところ」を前提として子育てする方は多いといえます。

一方、二卵性では、別々のきょうだいが一緒に産まれてきたようなものなので、**持って生まれてきた能力も外見もきょうだい程度に違うことは当たり前なのです。**にもかかわらず、一緒に産まれてきたということで、本人や親を含めて、どうしても比べてしまいます。

卵性を知ることで「違うことが当たり前なのだ」と認識できれば、深刻に悩まなくてもよくなるかもしれません。

先輩ママ・パパの声

うちのふたごの場合

一卵性

ほとんど同じ運動能力

同じ時期に思春期のスイッチが入り一気に背が伸びました。さすが一卵性！と思うくらいほぼ同じ運動能力。小学校6年生のマラソン大会ではふたりで1位・2位フィニッシュでした。

二卵性

特徴も発達もそれぞれ

ひとりは運動発達がゆっくりですが着実に物事をこなすタイプ。もうひとりは運動が得意ですがミスも多いです。体の特徴も心の発達もそれぞれで、習い事も別々にしました。

二卵性

思春期もそれぞれ

似ていない女の子ふたり、思春期もバラバラ。仲が悪い時間も長かったけれど、各々が周囲の人とかかわる中で「同じ年のふたり」という特殊な姉妹関係も徐々に緩和していきました。

おなかの中

ふたごママのマタニティカレンダー

ふたご妊娠中のママの体の変化や赤ちゃんたちの成長の様子をまとめました。子宮底や体重は、単胎妊娠の数値も載せているので、参考にしてくださいね。

妊娠2カ月	妊娠1カ月	妊娠月数	
4〜7週	0〜3週	妊娠週数	
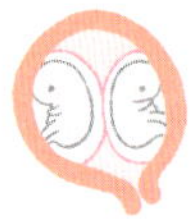		赤ちゃんたちの成長	ふたご
レモン大（7週末）	鶏卵大	子宮底	ふたご
―	―	体重※	ふたご
・月経がない ・基礎体温は高温のまま妊娠の徴候が現れる（体がだるい、眠気、吐き気、乳房が張る、おりものが増えるなど） ・初診を受ける ・胎児を包む胎嚢といわれる袋が超音波で見える	・最終月経が始まる ・受精 ⬇ 一卵性の場合は一個の受精卵が受精後早期から10日ぐらいでふたつに分離 二卵性の場合は二個の卵子が二個の精子とそれぞれ受精する	ママの体の変化と生活上の注意	ふたご
レモン大	鶏卵大	子宮底	単胎
―	―	体重	単胎

妊娠7カ月	妊娠6カ月	妊娠月数	
24〜27週	20〜23週	妊娠週数	
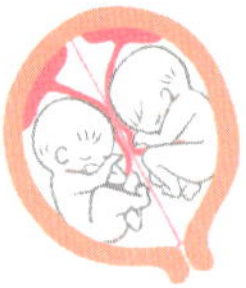	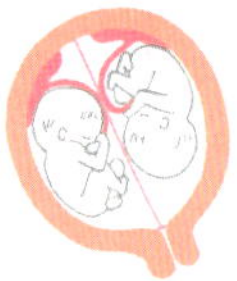	赤ちゃんたちの成長	ふたご
約27〜30cm	約23〜26cm	子宮底	ふたご
約950g（27週末）	約600（23週末）	体重※	ふたご
・妊娠高血圧症候群、貧血に注意する ・気になることがあれば健診日以外でも受診する ・家事育児は無理をしないで ・妊娠線が出始める ・単胎より小さめで発育する ・多胎妊婦は26週から産前休暇となる ・仕事の内容や通勤など緩和してもらうことができる	・おなかが急に大きくなり始める ・張りを感じやすくなる ・出産用品の準備や緊急時についての打ち合わせを、早めに家族と進める ・里帰り出産する人は交通手段や距離を考え、移動は早めにする ・いつでも入院できるように準備する	ママの体の変化と生活上の注意	ふたご
約20〜25cm	約18〜23cm	子宮底	単胎
約1200g（27週末）	約650g（23週末）	体重	単胎

※ひとりあたりの体重

妊娠5カ月	妊娠4カ月	妊娠3カ月
16～19週	12～15週	8～11週
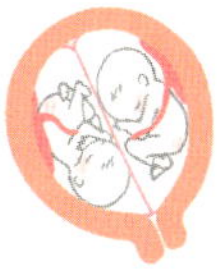	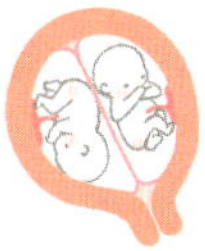	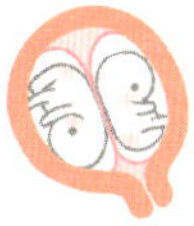
約18～21cm	赤ちゃんの頭大（15週末）	握りこぶし大（11週末）
—	—	—
・胎動を感じる ・腹帯をする時期 ・経産婦ではおなかが大きくなる早さを実感する ・この時期までの赤ちゃんたちの大きさはひとりの赤ちゃんとあまりかわらない ・ふたごみつごの子育てについて（産後の支援や多胎サークルなど）行政のホームページを調べたり、保健師に聞き情報収集する	・胎盤がほぼ完成する ・おなかのふくらみが外からもわかる ・胎盤の位置は妊娠中期までは低くても、出産のころまでには上に向かって移動することが多い ・里帰り出産を希望する人は医師に早めに相談する ・里帰り先の病院に問い合わせ、出産の予約をする	・つわりが続く ・頻尿、便秘がちになる ・膜性診断を10週ごろまでに受ける。膜性によるリスクの違いの説明がある ・妊娠届けの提出、それぞれの母子健康手帳をもらう。その際保健師の面談を受ける ・医師の指示に従って定期健診を受ける ・職場にも多胎妊娠であることを伝える（入院する可能性があることや産前休暇など）
約16～20cm	約10cm	握りこぶし大
約350g（19週末）	約120g（15週末）	約20g（11週末）

妊娠10カ月	妊娠9カ月	妊娠8カ月
36～39週	32～35週	28～31週
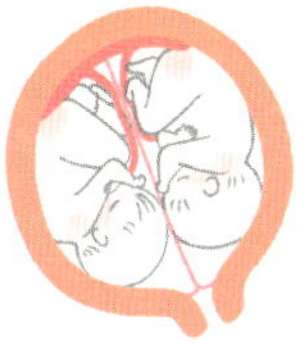	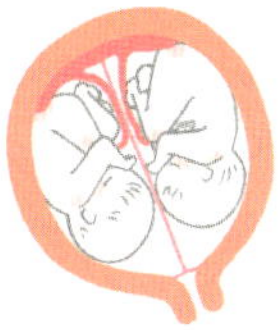	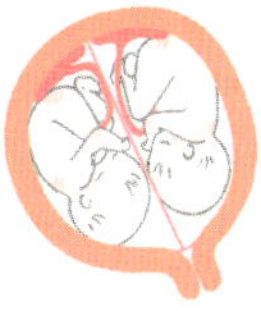
約39～41cm以上	約34～38cm	約31～33cm
約2200g～2400g（37週末）	約2100g（35週末）	約1500g（31週末）
・36～37週ごろに出産になることが多い ・緊急の帝王切開となることもある ・パパの職場にも出産について理解を得るようにする	・子宮口（子宮の出口）が開きやすく、破水しやすい ・おなかの張りが強くなる ・34週ごろには胎児の肺も成熟し、子宮外でも生きていくことができるようになる ・出産の徴候が現れたらすぐに病院に行く ・いつ出産になってもいいように家族も準備をする	・赤ちゃんの位置が落ち着く ・単胎の10カ月程度のおなかの大きさになる ・切迫早産の診断を受けることもある ・動悸、息切れ、むねやけがする。むくみが出ることもある ・腰痛、背中や恥骨の痛みがある ・出産まで入院を勧められることもある
約33～34cm	約28～32cm	約24～29cm
約3000g（40週）	約2500g（35週末）	約1800g（31週末）

基礎知識

多胎妊娠におけるリスクと妊婦健診

「膜性」は「卵性」と比べて耳にすることが少ないかもしれませんが、とても重要なことです。早い段階で正しく理解しておきましょう。

妊娠中は「膜性」が重要

ふたごを妊娠したと知った際、一卵性か二卵性かが気になる方は多いでしょう。しかし、**妊娠中は卵性ではなく「膜性」の診断が重要です。**

膜性とは、妊娠中におなかの中の赤ちゃんたちを隔てる膜がどのような状態なのかを表したものです。膜の状態によって、おなかの中での赤ちゃんの環境が左右され、赤ちゃんたちの発育にも直接影響します。

子宮の中には卵膜という膜の中に羊水があり、赤ちゃんはその中にいます。卵膜は三層構造になっていて、いちばん外側の一層は赤ちゃんの人数に関係なく1枚です。

一方、その内側の2種類の膜はふたりの赤ちゃんで共有する場合と、それぞれに存在している場合があります。ふたごの場合、可能性として考えられるのは左図の3種類です。

ふたりを隔てる膜が多い場合、お互いに影響し合うことは少なく、膜の数が少ない場合はお互いに影響し合う可能性が高くなり、その影響の仕方によっては赤ちゃんの命にかかわることもあります（ただし、図のいちばん下の膜性はめったに見られません）。

膜性の診断可能時期は限られている

膜性は、赤ちゃんの出生後に出てきた胎盤や卵膜などを医療者がチェックすればわかります。しかし、先ほど述べたように膜性によって妊娠中の異常の発生頻度が異なるため、**妊娠初期に診断してもらうことが重要です。**

診断は超音波で行われます。この診断は妊娠10週前後の限られた時期しかできないため、妊娠初期から、高度医療が可能な大きな病院にかかるように医師から促されることもあります。また、妊娠がわかったときに受診した病院によっては、その病院で膜性の診断をした後、状況に応じて高度医療が可能な病院に妊娠の途中で移ることもあります。

高度医療ができる病院が自宅から遠かったり、出産したいと思っていた病院と違っていたりして不自由を感じるかもしれませんが、ふたごの妊娠はその経過中に何らかの異常が起こる可能性が高いため、妊産婦や赤ちゃんたちの体のことを考えるとやむを得ないことです。

妊婦健診の頻度や入院について

通常、妊婦健診では、妊婦や胎児の状態をチェックし、異常が起きていないか、異常が起きる兆しがないかなどを医師が診断します。

ふたごの妊娠では、チェックする赤ちゃんの人数が多く、また赤ちゃんたちが相互に悪い影響をおよぼし合っていないかなども調べる必要があります。また、妊婦の体への負荷も大きく、さまざまな合併症が起こりやすいため、健診でのチェックポイントは数倍になります。そのため、ひとりの赤ちゃんの妊娠よりも妊婦健診の頻度が高かったり、妊婦健診以外の受診をする必要があったりします。

妊娠中に起こりやすい合併症については22ページで詳しく説明しますが、合併症が悪化して入院が必要になることもあり、**ひとりの子の妊娠よりもかなり高い頻度で入院することになります**。また、病院によっては、ふたごの妊婦は特定の妊娠週数で全員が必ず入院すると決めているところもあります。病院の方針などは、妊婦健診の際にあらかじめ説明されることもありますが、必要に応じて医師や助産師に尋ねてみてもいいでしょう。

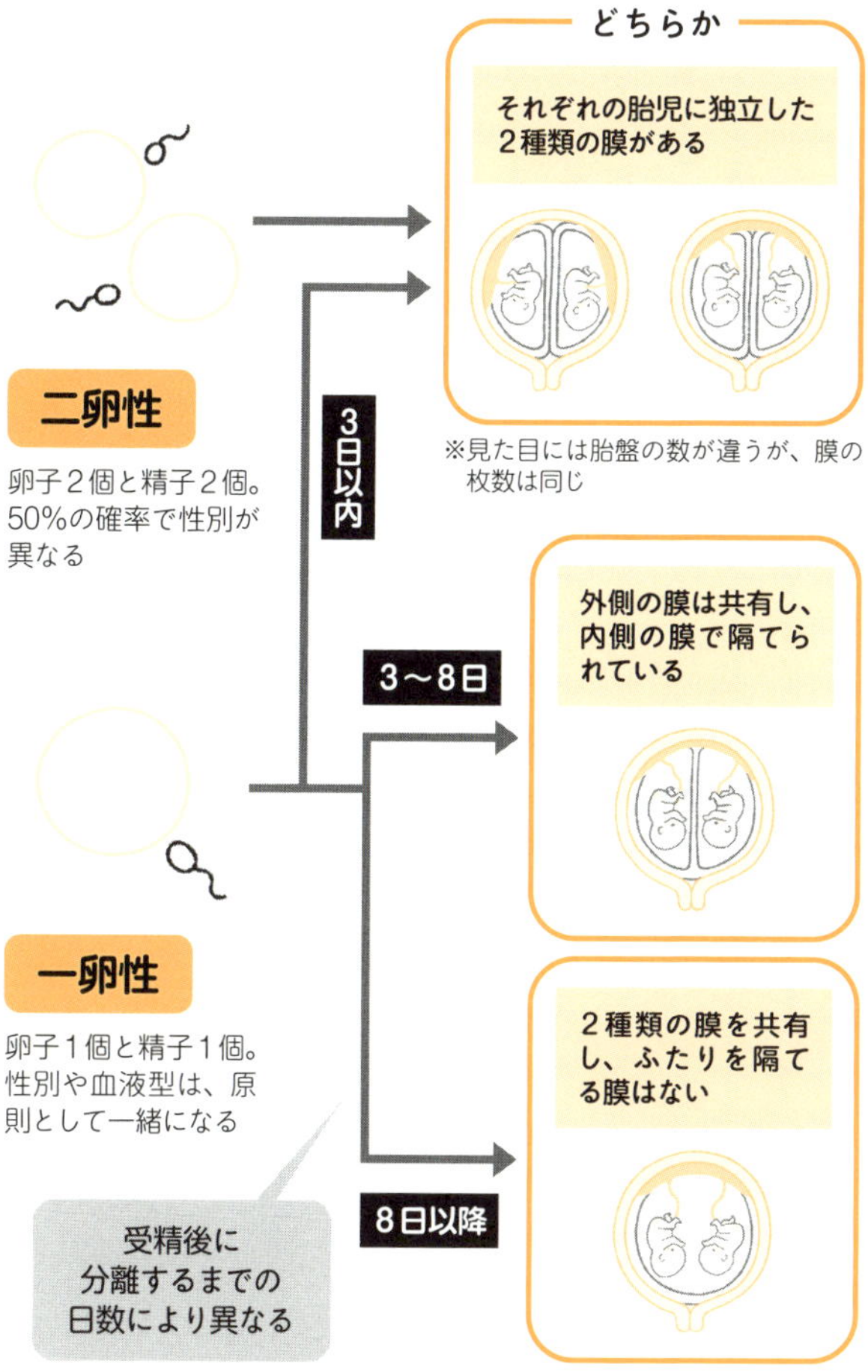
二卵性
卵子２個と精子２個。50％の確率で性別が異なる
一卵性
卵子１個と精子１個。性別や血液型は、原則として一緒になる
受精後に分離するまでの日数により異なる
3日以内
3～8日
8日以降
どちらか
それぞれの胎児に独立した２種類の膜がある
※見た目には胎盤の数が違うが、膜の枚数は同じ
外側の膜は共有し、内側の膜で隔てられている
２種類の膜を共有し、ふたりを隔てる膜はない

妊娠中の不調

多胎妊娠中に起こりやすい異常

リスクを正しく理解しておくことが、安心や安全につながります。不安と上手につき合うためにも把握しておきましょう。

トラブルの可能性を事前に知っておこう

多胎妊娠が判明した際、医師から多胎妊娠はハイリスクだと聞かされ、不安でいっぱいの方も多いのではないでしょうか。確かに多胎妊娠は、妊娠中から入院が必要になることが多々あり、健診に行ったらそのまま入院、ということも珍しくありません。

とはいえ、むやみに慎重になりすぎる必要はありませんし、**定期健診をきちんと受けることで早めに異常を発見することができれば、大事に至ることも少なくなります。**しかし、どんな異常が起こりやすいのかだけは事前に把握しておき、いざというときに慌てずに済むようにしておきましょう。

多胎に起こりやすい早産・切迫早産

多胎妊娠は子宮の容積が急増し子宮筋が過度に引き延ばされることなどにより切迫早産の診断を受けることがあります（切迫早産とは、早産しやすい状態になっていることをいいます）。

ふたごの出産時の平均週数は妊娠36〜37週です。37週未満の分娩を早産というため、ふたごでは約半数が

mini コラム

なぜ切迫早産が起こりやすいのか

多胎妊娠の場合、子宮が急激に大きく重くなってきます。そのため子宮筋が過度に引き伸ばされ子宮が張りやすくなり、また子宮の出口も緩んだり短くなりやすいです。体調に気を配り、おなかが張っているときには、無理をせず、横になりましょう。また自分では気がつかないことも多いので、健診には必ず行くようにしましょう。

早産ということになります。しかし、ふたごでは37週前後での出産が最も周産期死亡率が低いといわれているため、予定帝王切開の日程が37週前後になることが多く、37週より少し早いくらいの早産であることを心配しすぎる必要はありません。

とはいえ、32週に満たない出産や1500g未満の赤ちゃんは生まれてからの治療が長引くことになり、赤ちゃんにも家族にもいろいろな意味で負担になるため、早産の予防は多胎妊娠の妊婦さんにとって最も大切なことのひとつです。妊婦さんは自分で体調に気を配り、無理をしないような生活を心がけましょう。

おなかが張っているときは、横になって休むようにしましょう。それでもおなかの張りが続いたり、少量でも出血がみられたり、「破水かもしれない」と思ったりした場合などは健診日まで待たずすぐに病院で診察を受けましょう。切迫早産の状態が自分では気づかないこともありますので、決められた健診は必ず受けましょう。

早産の確率が高まる妊娠高血圧症候群

妊娠20週以降に高血圧が認められる場合や、高血圧と蛋白尿が認められる場合などの状態を妊娠高血圧症

ここに注意！

妊娠高血圧症候群

特にリスクが高い人は？

糖尿病や高血圧、腎臓病のある人、太りすぎや高齢妊婦、多胎妊婦は、妊娠高血圧症候群になるリスクが高いといわれています

多胎妊婦さんは無理をしないで

予防としては無理をしないでゆっくり過ごすことが大切。自分では気がつかないことが多いので健診をきちんと受けて異常の早期発見が重要です

候群といいます。**妊娠高血圧症候群になると、子宮内で赤ちゃんが育ちにくくなり、早産の確率も高くなるため注意が必要です。**

　多胎妊娠は母体への負担が単胎妊娠より大きいため、単胎妊娠と比べて2〜3倍の割合で妊娠高血圧症候群になりやすく、妊娠後期になって重症になる場合もあります。また、糖尿病や高血圧、腎臓病のある人、太りすぎや、高齢妊娠や仕事などでのストレスが大きい人は妊娠高血圧症候群になりやすいため注意しましょう。

　予防策としては、無理をしないでゆっくりと過ごすこと、塩分の摂りすぎに注意すること、太りすぎに注意することなどが挙げられます。異常を早く発見することで悪化は防ぐことができるため、健康診査をきちんと受けるようにしましょう。

ママの貧血は産後の回復に影響する

　妊娠中は全身の血液量が増え、血液が薄まるため貧血が起こりやすくなります。**特に多胎妊娠は赤ちゃんふたり分の血液が必要となるため、貧血になりやすいです。**貧血がひどいとママの全身状態への影響はもちろん、赤ちゃんの発育にも影響します。また出産のときの出血にも関係します。

　貧血といわれたら薬を飲んで改善することになりますが、食事で予防することも心がけておきましょう。

多胎妊婦によくある妊娠糖尿病

多胎妊婦は妊娠糖尿病になりやすいといわれています。妊娠糖尿病とは、妊娠するまでは糖尿病といわれていなかった妊婦が、妊娠中に血糖値が高くなり糖尿病と診断されることをいいます。全妊婦のうち10%程度が診断されるといわれているので多胎妊娠では、より気をつけなくてはならないでしょう。

　治療は基本的に食事療法と薬物療法です。食事は、エネルギーのとりすぎに気をつけ、バランスのよい食事を心がけましょう。一度にたくさんの量を食べることができない多胎妊婦さんには、1日の食事を間食も含めて5、6回に分けてとる分割食

mini コラム

多胎妊娠の入院と主な治療

切迫早産の場合は、安静と子宮の収縮を抑える薬物療法が入院の主な目的です。妊娠高血圧症候群の治療は、安静や食事療法で血圧を管理し必要に応じて薬物療法などが行われます。いずれの場合も胎児の発育や健康状態も日々チェックします。安全なお産に向けて精神的にもゆったりと過ごすようにしましょう。

も勧められます。食事指導については、栄養士さんなどに聞いてみるとよいでしょう。

薬物療法は基本的にはインスリン治療です。主治医の説明や指導についてわからないことがあれば相談しましょう。妊娠糖尿病は、産後は正常となることが多いのですが、**産後何年も経って糖尿病に移行することが多いといわれています。**産後の定期的なフォローアップが大切です。

高血圧との併発も多いHELLP症候群

発症率は高くありませんが、多胎妊娠に関連する異常としてHELLP症候群があります。これは妊娠後期から産後に発症する救急疾患です。悪化すると母体と胎児の生命が脅かされます。

発症する確率は全妊婦の約0・2〜0・6％といわれていますが、妊娠高血圧症候群が多い多胎妊産婦や、経産婦、高齢妊娠ではもっと高い確率となります。症状は、上腹部の痛みや、吐き気や嘔吐、極度の疲労感や倦怠感などといわれています。

HELLP症候群の場合は、母児の状態が悪化するリスクも大きいため、体調不良だと思い込み手遅れにならないために、おかしいと思ったらすぐに受診し検査を受けましょう。

先輩ママ・パパの声

うちのふたごの場合

反省……

ウォーキングで入院に？

いまいちピンとこなくて、ちょっと体重が増えたかなと思いウォーキングをしたらおなかが張って入院。ウォーキングが原因かどうかわかりませんが、気をつければよかったです。

おなかの張り

入院時の気づき

入院したときにおなかに機械をつけて検査をして、はじめて"おなかが張る"という状態を理解しました。妊娠中は、おなかが張ったらすぐに横になるようにしました。

夫の助け

自宅で過ごす場合も

入院ではなく自宅で安静にするようにいわれました。自宅で過ごす間、夫がほとんど家事をしてくれ、仕事との両立は大変だったと思いますが、本当に助かりました。

妊娠中の不調

赤ちゃんたちに起こりやすい健康問題

母体と同様に、ふたご妊娠にみられる胎児の健康上の問題についても早い段階で理解しておくことが大切です。

血液量が不均等になる双胎間輸血症候群

双胎間輸血症候群（TTTS）とは、胎盤由来の膜がひとつしかないタイプの双胎妊娠に見られる合併症で、このタイプの双胎妊娠のうちの10～15％に起こるといわれています。

このタイプの双胎妊娠は**ひとつの胎盤をふたりで共有しているため、胎盤の中の血管がつながってしまい、それぞれの胎児への血液量が不均等になってしまうことによって起こる症状です。**

たくさん血液量が流れ込む胎児は尿量が多くなり、羊水過多や多血症などの症状が見られ、血液を供給する側の胎児は、尿量減少のため羊水過少や貧血などの症状が見られることになります。

羊水量が増えるためおなかが大きくなったと感じることもありますが、自分ではよくわからないことも多く、定期的に健診を受けることはもちろんですがいつもと違うと感じたら早めに診察を受けましょう。

TTTSの治療法として羊水吸引除去術や胎児鏡下胎盤吻合血管レーザー凝固術があります。後者のレーザー凝固術は、治療できる医療施設は全国でも限られているため、場合

mini コラム

TTTSの胎児の症状

TTTSが進行すると、一方の児には多血、高血圧、体重増加、心不全など、もう一方の児には貧血、低血圧、体重減少、腎不全などの重篤な症状が現れます。膜性診断により膜がひとつで胎盤を共有するふたご妊娠は、TTTSの早期発見のためにも胎盤がそれぞれ別のふたご妊娠よりも慎重な管理が必要となってきます。

によっては、高次の医療機関に紹介になることもあります。

入院が必要な場合もある 子宮内胎児発育遅延

ふたごでは、妊娠29週ごろまでは胎児の発育は単胎とあまり変わりはないといわれています。その後の発育の遅延が見られ、在胎週数（出産した週数）に比べて児の体重は少ないのが普通です。

しかし**胎児の推定体重が、相当する週数の平均体重よりかなり少ない場合（基準があります）は、入院治療が必要となることがあります。**

また胎盤や臍帯の状態により、胎児それぞれの推定体重に差が見られることがあります。必要であれば妊娠中に入院することにより早期の対応が可能になります。

TTTSの状態

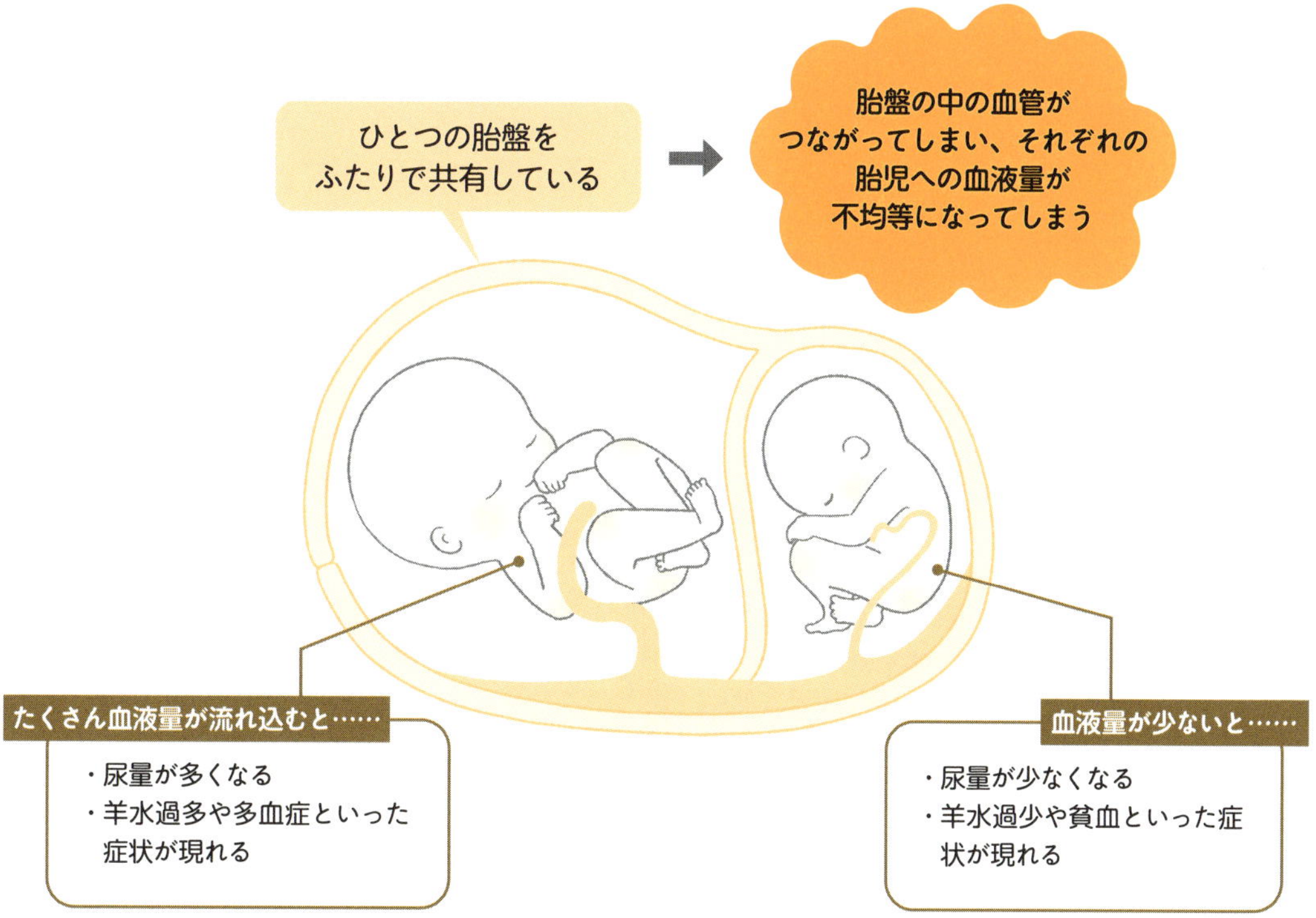
ひとつの胎盤を
ふたりで共有している
胎盤の中の血管が
つながってしまい、それぞれの
胎児への血液量が
不均等になってしまう
たくさん血液量が流れ込むと……
・尿量が多くなる
・羊水過多や多血症といった症状が現れる
血液量が少ないと……
・尿量が少なくなる
・羊水過少や貧血といった症状が現れる

早期発見のポイント
- ●定期的に健診を受ける
- ●いつもと違うと感じたら早めに診察を受ける

妊娠中の不調

多胎妊娠中に起こりやすいマイナートラブル

妊娠中には、ストレスとなるさまざまな不快な症状が発生します。大きな問題にはつながらずとも、適切な対応方法を知っておきましょう。

適切に対処してストレスを軽減しよう

ここで挙げるのは**マイナートラブルと呼ばれる、妊娠によって起こる不快な症状です。**医学的には問題の少ないものですが、何かとママを悩ませる症状でもあります。

適切な方法で乗り切り、快適なマタニティライフを送りましょう。

個人差の大きなつわり

つわりはほとんどない人もいれば、妊娠中ずっと続くこともある、個人差の大きい症状です。多胎の場合、つわりが強く出るといわれることが多いです。子宮が大きくなるのが早く、吐き気を感じやすくなっていることやホルモンの影響が考えられます。

つわりには、精神的なストレスや不安が大きく影響するといわれています。多胎妊娠では単胎よりも精神的な不安が強いので、つわりがひどいと感じるママが多いのかもしれません。

つわりの時期は、**自分の食べられるものを少量ずつ工夫してとるようにしましょう。**一般にこのような症状は、胎盤のできあがる妊娠12〜16週ごろにはおさまるといわれていますが、症状が強い場合には、入院して点滴をするなど治療を受けることもあります。

多胎では特に起こりやすい腰痛

妊娠で子宮が大きくなることで体の重心が変わり、背中や腰の筋肉などに負担がかかるようになります。また妊娠のためのホルモンの影響で、骨盤や恥骨結合部が緩むと、骨盤周辺の関節が不安定になり、周囲の筋肉にも大きな負担がかかり腰痛や背部痛が起こることがあります。

特に多胎の場合、妊娠中期からおなかが急激に大きくなり、腰への負担も相当なものとなります。うつぶせになってマッサージを受けることはできませんが、四つん這いになって背中を伸ばすストレッチをしたり、背もたれのない椅子に座ってマッサージをしてもらったりするなど、負担のない方法でケアをするとよいでしょう。

妊娠初期から正しい姿勢を心がけておくと、自然と背筋と腹筋が鍛えられ腰痛の予防になります。また、コルセットや腰痛ベルトなどでおなかを支えるようにすると腰への負担を軽減することも可能です。歩くときはスニーカーなどの歩きやすいものや、かかとの高さが2～3㎝の靴を履くほうが楽なようです。

自分にあったスタイルを探してみましょう。

妊娠期間を通した便秘

妊娠中のホルモンバランスにより腸の動きが低下することに加え、子宮が大きくなることで腸が圧迫され、動きが鈍くなります。特に多胎妊娠の場合、妊娠期間を通して生じる悩みのひとつです。

体を動かしたり、食物繊維の多いものを食べたりすることで予防することができますが、それにも限界があります。無理に排便しようとして力を入れると痔になり、余計に便秘を悪化させる恐れもあります。

朝、水を飲んで腸を刺激したり、トイレに座る習慣をつけたり、人によってはヨーグルトやプルーンを毎日食べたりして予防することも可能です。もし**便秘が続くようであれば、医師に相談して便秘薬を処方してもらいましょう。**なお、以前に使っていた薬でも、市販の便秘薬を飲むのは避けてください。

妊娠線と皮膚のケア

妊娠が進むと、皮下組織に脂肪が増加し急激に増大する子宮によりおなかの皮膚が引き伸ばされると皮下組織が断裂されてひび割れ状の線ができることがあります。これを妊娠線といいます。おなかだけでなく乳房や太もも、お尻などにできやすく、人によって色や模様には違いがあります。

おなかが大きくなり始める妊娠5～6カ月のころからクリームなどをおなかにすりこんで丁寧にケアすることで、皮膚が柔らかく伸びやすくなるため、線が出にくくなります。

多胎妊娠では妊娠線ができやすいた

め、気になる人は早めのお手入れをするようにしましょう。

なかには妊娠線ができるとおなかがかゆくなる人もいます。これは皮膚が薄くなり乾燥するために起こる症状のため、クリームやオイルを使って肌のうるおいを保つようにしましょう。

膀胱が圧迫されて起こる頻尿と尿もれ

妊娠中期は子宮が急激に大きくなること、妊娠末期は胎児が下降することから、膀胱が圧迫されて容量が減少し、尿意を頻繁に感じるようになります。

しかしトイレに行くのがおっくうだからといって我慢したり、水分を摂るのを制限したりすることは望ましくありません。膀胱炎などになるリスクがあるため、尿意を感じたら我慢せずにトイレに行きましょう。

また、**妊娠末期は尿もれも起こりやすくなります**。これも赤ちゃんたちによる膀胱の圧迫が原因です。妊婦さんに多い症状で、産後には回復するものなので、妊娠中はナプキンなどを当てて対処するようにしましょう。尿の吸収力では、生理用ナプキンよりも尿もれパットのほうが優れています。尿もれパットもさまざまな種類があるので、自分にあったものを探してみましょう。

経産婦さんに多い静脈瘤

子宮が大きくなると、子宮周辺の太い静脈が圧迫され、足からの血液の戻りが悪くなることから、外陰部や膝の裏などの血管が浮き出てくることがあります。これは静脈瘤と呼ばれ、経産婦さんに多く見られる症状です。

痛みや赤みを伴う静脈炎を起こす場合もあるので、弾力性のある靴下を履いて血液の戻りをよくする、立っている時間を減らす、長時間の同じ姿勢は避ける、足を高くして休

マイナートラブルを経験した割合

頻尿・尿もれ	85%
つわり	50～80%
腰背部痛	70～75%
帯下	60～65%
便秘	60～65%
下肢痙攣	55～60%
眠気	50～55%

んだり睡眠をとったりする、体を締めつける衣類や下着は避ける、入浴や軽いストレッチで全身の血液循環をよくする、などの対策をしましょう。

ひどい足のむくみはすぐに受診を

静脈瘤と同じ原因から、血液が心臓に戻りにくくなり、水分が血管の外に出てたまっている状態がむくみです。むくみがひどくなると、歩くときに足が痛くなったり、靴を履くのさえつらくなったりすることもあります。**むくみがひどくなって手や顔にあらわれたり、むくみで体重が急激に増えたりしたときは、健診日を待たずに受診してください。**

なお、横になっているときや座っているときに足を高く上げたり、靴下を履いて足を温めたりすると、ある程度楽になります。足だけのお風呂（足浴）や着圧（弾性）ソックスなども効果的です。

足がつる こむらがえり

こむらがえり（**ふくらはぎ・土踏まずなどがつる症状**）は、筋肉の疲れ、血行の悪さ、足の冷えやミネラル不足によって起こります。

朝、急に起き上がったり、急に歩き出したりせず、ストレッチやマッサージをしてから動き出すようにしたり、冷やさないようにハイソックスを履くなどして予防しましょう。

先輩ママ・パパの声 うちのふたごの場合

尿もれ

少し力を入れただけで

妊娠中、おなかが大きくなってくると、ちょっと下腹に力が入るだけで尿もれがありました。くしゃみやせきが出ると大変でした。

むくみ

足のむくみがひどかった

足がすごくむくみ、歩くときも足が痛く、靴も履きづらかったです。夜は足を高くして寝るなどして、むくみを軽減するようにしていました。

足がつる

寝ているときに

夜に寝ているとき、よく足がつりました。つった足を触ろうにも手が届きません。困ってばたついていると、もう片方の足もつってしまって、どうすることもできませんでした。

妊娠中の生活

ふたご妊娠中の過ごし方

ふたご妊娠と単胎妊娠とは、妊娠期間中の過ごし方で気をつけなければならない点が異なります。それぞれのポイントを見てみましょう。

活動量を減らして安静を意識した生活を

育児が始まると、自分の時間をつくることもむずかしくなります。家事はご家族に協力してもらい、手を抜けるところは抜いて、妊娠中の今のうちに、ご自分の時間、ご夫婦の時間を楽しんでください。

外出は、時間にゆとりのある計画を立て、**ひとつ用事を済ませたら一休みできるよう、休憩場所・時間を確保しておくようにしましょう。**

お仕事を続けている方は、職場の方に協力してもらい、午前と午後、短時間でよいので体を休める時間をつくりましょう。

体を動かす仕事の方は軽い仕事に替えるようにしましょう。重い荷物を持ち上げたり、化学薬品を使用したりするような職場では、労働基準法により配置転換を申し出ることができます。

デスクワークなどでは足がむくんでしまうこともあります。足のストレッチをしたり休憩時間に足を高くして休んだりして、血のめぐりをよくすることが必要です。

準備は早めに済ませる

切迫早産（18ページ参照）といっ

miniコラム

ふたごの妊娠生活はこんなに違う

ふたごを妊娠したときの体の負担は、単胎妊娠よりも大きくなり、変化も早い時期に現れます。例えばふたごの妊娠では、妊娠30週前後で、単胎妊娠の40週（臨月）相当のおなかになります。そのため、日常生活でもふたごの妊娠を意識し、おなかの中のふたごたちと安全に日々を過ごす工夫が必要です。

て、おなかの張りや性器出血など早産の徴候のある方は、さらに安静にする必要があります。おなかの張りは、少しの張りで気づく方もいますが、なかにはかなり強い張りでやっと気づく方もいます。なかなか自覚しにくい方でも、おなかを手のひら全体で優しく触ると、おなかが硬くなっていることに気づけると思います。

おなかのふくらみが目立つようになってきたら、ときどきおなかに手を当てて張りがないか確かめてみるのもいいでしょう。このくらい動くと張りやすい、ということを確かめられると、自分の体調に合わせて体と相談しながら生活できると思います。

病院によっては、妊娠後半に安静目的で入院するところもあり、そのような病院でなくても、早産の徴候が出てきたら急に入院になる可能性もあるため、育児の準備は早めに済ませておきましょう。

運動と休息のポイント

ふたごを妊娠すると、体重の増え方・おなかの大きさの変化が急激になります。妊娠後半には日常の動きもかなりハードになってきます。しかし、お産を乗り越えるためにも体力づくりは必要です。

運動を行うには、妊娠初期から体を動かしておくことがポイントとなります。切迫流産や切迫早産の危険がなく、体がつらくないならば、妊娠前から続けているスポーツをすべてやめる必要はありません。運動が苦手な方は、毎日のストレッチも効果的なので行ってみてください。適度な運動は、妊娠による不快な症状を楽にしてくれることもあります。

しかし、**妊娠後半になるとおなかが張りやすくなることもありますので、無理をしないことが大切です。**ゆっくり体調に合わせて行ってください。

そして**疲れたら十分に休養をとりましょう。**体を休めるときには横向きで抱き枕を使ったり、クッションなどに寄りかかったりすると、余計な力が入らずリラックスして休むことができます。夜間の睡眠以外にも日中に休む時間をつくり横になるとよいでしょう。

胃が圧迫されやすい状態での食事

「おなかの赤ちゃんの分まで食べなきゃ。ふたごだからいつもの3倍」なんて思っていませんか？

食事で気をつけなければならないのは、必要な栄養をバランスよく摂ることです。ただ量を増やしただけでは肥満の原因になり、体を動かすときの負担がより大きくなったり、妊娠高血圧症候群になりやすくなったりします。

ふたごの妊娠で不足しがちな栄養素は、タンパク質、鉄分、カルシウム、各ビタミン類です。つわりのあるうちは、食べやすいものを体調に合わせて摂り、おさまってきたらバランスのとれた食事を摂るように心がけましょう。

ふたごの妊娠の場合、ひとりの子の妊娠に比べるとおなかが大きくなるスピードが早く、胃が圧迫されて1回の食事量が制限される時期が早まります。妊娠後半には、一食分の食事を食べきる前に満腹になってしまうこともあります。

その場合は、**1回の食事量を減らして一日の食事回数を増やすこともいいでしょう。**ただし、毎回の食事が軽食感覚になってしまい栄養バランスを意識しないでいると栄養不足になってしまうため、気をつけましょう。

体重管理は健康のためにとても大切

ふたごの妊娠の場合、妊娠の早い時期から体重が増え始め、体にかかる負担も大きくなります。ふたご妊娠中の体重増加は、ひとりの子の妊娠の体重増加の目安である10kg前後に5kg加え、15kg前後を目安にしてください。

ただしこれは、妊娠前に標準的な体型の方を基準にしています。もともとふくよかな方は、身長をもとに

mini
コラム

安静ってどういうこと？

ふたごの妊娠では、動いていてちょっとでも疲れたな、つらいなと感じたら、座ったり横になったりして体を休めることが重要です。安静のために入院する一歩手前であれば、自宅でも極力横になっている必要があります。妊婦健診などで安静にといわれたら、どのくらいおとなしくしていればよいか具体的に尋ねてみましょう。

標準体重を算出して、そこに15kgを加えた体重を目標にしてください。
ふたごの順調な発育や妊娠高血圧症候群の予防のためにも体重コントロールはとても大切なことです。なかなかうまくいかない、気をつけているのに体重が増えてしまうということがあれば、妊婦健診の際に診察室・保健相談室などで助産師や看護師に相談してみてください。

妊娠40週までに増加する体重の中身

●胎児：3100g
●胎盤や羊水：800g
●子宮そのもの：1000g
●乳房：300g
●血液など：3000g
●母体貯蔵分（必要な脂肪など）：2000g
➡**合計10.2kg**

ふたごの場合

赤ちゃんがひとり増える分5kgを追加して**15kg前後**

みつごの場合

さらにもうひとり分追加して**20kg前後**

・早産になることを考えるともう少し少なめでの出産になる
・もともとの体重が多め（または少なめ）の人は妊娠前にどのくらい多めか少なめかによって調整する

助産師の声

こんな場合どうする？

外出

旅行に出かけたい

妊娠週数や妊婦個人の体の状態によって、活動範囲をどこまで広げられるかかなり差があります。まずは健診で医師に確認してみましょう。

栄養

ずっとつわりっぽい

つわりがおさまるころには、子宮がかなり大きくなり食事量が限られてしまいます。ふたご妊娠ならではの症状です。つわり中は好きなものを、妊娠20週ごろから栄養を考えた食事を。

睡眠

夜ぐっすり眠れない

妊娠末期は眠りが浅くなる傾向があります。単胎妊婦にも起こる症状ですが、ふたごだと早期から起こります。横になるときにおなかのへそのあたりをクッションで下から支えるとよいです。

周囲の協力

家族や周りの人々ができること

ふたごを妊娠したとわかったとき、パパをはじめとした周囲の人に知ってほしいこと・してほしいことがあります。

いつでも動けるように パパも準備しておく

多胎妊娠中のママは、体調によっては安静にする必要が生じたり、急に入院することになったりする場合があります。

また、予定より早く緊急で帝王切開になったり、母体搬送といって、ママや胎児の安全のために設備の整った大きな病院に移らなければならなくなったりすることがあります。

そのような場合、一般的にはパパが医療者からママや赤ちゃんたちの状況についてさまざまな説明を受けることになります。また、たくさんの書類にサインを求められることもあります。出産後は、ママより早くパパが赤ちゃんたちに面会することもあります。

急な事態の場合はパパも受け止められないことが多く、気持ちが落ち着かなくなることもあるでしょう。

多胎妊娠ではこうしたことが起こることを念頭に入れて、**ママの妊娠中から、パパも心の準備をしておくことが必要となります。**

また、赤ちゃんの出生届や健康保険の加入など、出産後すぐにしなければならない手続きは、パパが行うのが一般的です。

mini コラム

人手は二重三重に確保しておこう

感染症の流行時などは頼りにしていた家族が次々と病気になり動けなくなることもあります。どうにもならないときは行政（保健センターや子育て支援課、子ども家庭センターなど）を頼ってください。携帯電話に相談先の電話番号を登録しておきましょう。場合によっては乳児院の一時預かりや短期里親制度を使うこともできます。

このほか、ママが回復するまでの間、パパだけで小児科医などからの説明を聞きに行くことも珍しくなく、パパは赤ちゃんの誕生後も、大忙しになります。あらかじめ職場にこれらの可能性を伝え、上司や同僚の理解を得ておくことをおすすめします。

パパができることを増やしておく

妊娠中のママはとにかく安静にすること、無理をしないことが大切になります。特に妊娠6カ月ごろからはおなかも大きく苦しくなるため、ママがゆっくりできる環境を整えておくことが非常に重要です。

そのためにも、パパは家事全般をある程度自分でできるようにしておきましょう。

例えば、家の中のもの（書類、洋服、下着、靴下、ゴミ袋、調理器具、調味料、上の子がいる場合は幼稚園や保育園の持ち物など）がどこにあるか、事前に把握しておくことが大切です。ママが動けなくなった途端に掃除や炊事洗濯など生活が回らなくなるようだと、ママは安心して休むことができません。もしこれまでママに任せっきりだったことがあるならば、妊娠初期の早い段階からママにそれらの方法を教わり、自分でできるようにしておきましょう。

遅くとも妊娠5～6カ月くらいからは、パパが家のことをできるようにしておくことが必要です。

おじいちゃん・おばあちゃんへのお願い

これから生まれてくるふたご（みつご）のおじいちゃん・おばあちゃんとなる方たちも、「今までひとりずつの子育ては経験あるけれど、ふたご（みつご）は育てたことがない……どうすれば……」と思ったり、ふたご（みつご）を妊娠した娘やお嫁さんに対して「大丈夫かな？　無

ふたご・みつごの育児の秘訣

01 人の手はおおいに借りましょう

自分で何もかもしようと思わないこと。

02 家事は必要最低限で大丈夫です

家事の手抜きを覚えましょう。

03 父親や家族の協力が必要

ママとパパとでよく話し合い家事・育児を協力していくようにしましょう。また祖父母など家族のお手伝いもありがたいです。

04 仲間をつくろう

育児をともに励ましあえる仲間の存在は貴重です。ふたごの育児サークルなどに、できれば妊娠中から参加するといいでしょう。

05 リラックスしてストレス解消を

育児を完璧にはできませんし、する必要もありません。育児はほどほどのところでいいとして、ストレスを発散することも大切です。

事生まれるかな……」といった漠然とした不安を持ったりすることもあると思います。

妊婦さんの状況によっては、妊娠中や出産後に手助けを求められることもあり、祖父母が手伝う場合も多くあります。祖父母が仕事をしている場合や健康上・生活上の問題がある場合は相談する必要がありますので、可能であれば、**祖父母となる人たちにも多胎妊娠・出産の経過や育児について、妊娠期から知識を持って準備しておいてもらうことが望ましいでしょう。**

上の子がいる場合に準備すべきこと

妊娠している赤ちゃんの上にきょうだいがいる場合、上の子の対応についても考えておかなければなりません。ママは入院、パパは仕事で帰ることができないなどの場面が発生した際に、上の子の面倒を誰がどのように見るかなど、早い段階から検討し、準備しておきましょう。

両家の実家に預ける場合は、妊娠初期にママやパパと一緒に帰省してお泊まりをするなどして、おじいちゃんやおばあちゃん、そしてその家に慣れさせておくことをおすすめします。これは、子どもは人見知りしますだけでなく、場所見知りもするためです。

はじめての場所だと眠れない、という子どもは珍しくありません。両親がいない間にも上の子が安心して過ごせるよう、「その場所で寝た経験がある」という状態を用意しておきましょう。

上の子が保育園や幼稚園、小学校に通っていて仲よしのママ友などがいる場合には、ママ友にもあらかじめ「上の子の預かりやお迎えを突然お願いすることがあるかもしれない」と相談をしておくことをおすすめします。子どもが通園、通学している最中に受けた健診で、そのまま入院となる可能性があるためです。

また、こうした対応はママ任せにせず、パパもママ友の連絡先を把握しておき、パパから連絡ができるようにしておくことも大切です。**パパも近所のネットワークをつくっておけることが理想です。**

上の子の預け先のプランや緊急連絡先などは、家族でしっかりと共有しておきましょう。

なお、連絡先については、「まず

パパにできること

“職場に何を理解してもらう？”

妊娠中から動けないママの分も家事が増え、仕事との両立の負担が増えます。残業や休日出勤、遠方出張がむずかしくなり、ママの緊急入院で急に仕事を休むことも。産後はママの体力回復とふたご（みつご）育児のため、できるだけ長いパパの育休取得がおすすめです。自営業の人はいざというときに助けてくれる人を複数、確保しておきましょう。

は両親、両親と連絡がとれなかったらAさん、その次は……」と優先順位を決めておくと、有事の際、よりスムーズに対応できるでしょう。

社会資源について情報収集をしておこう

ふたごの赤ちゃんや上のお子さんの育児、家事などを、パパや家族「だけ」でこなさなければならないということではありません。

周りに頼れる人がいない場合、早めに保健師に相談してみてください。家族の助けになる制度や設備などの社会資源を提案してくれるでしょう。

実際に困る前に相談して、情報を得ておくことが大切です。

また、相談できる相手は保健師だけではありません。地域の子育て支援課の担当者や、こども家庭センター（旧「子育て世代包括支援センター」）の保育士もいます。ほかにもふたごサークルや多胎ネットなど、ふたごの育児に特化した組織がある地域もあります。

多胎サークルの先輩たちなどに聞いて利用できる社会資源情報を集め、積極的に活用できるよう、妊娠中から準備しておきましょう。そして集めた情報をもとに、妊娠中から生まれてからの生活や育児のやりくり、困ったときの相談先、どんなときに誰にお手伝いを頼むのかなどを、家族でよく話し合っておくとよいでしょう。

先輩ママ・パパの声

うちのふたごの場合

ママ友

遠い親戚より近くの他人

妊婦健診に行ったらそのまま入院に。上の子を一時預かりに預けてきたのに夫には連絡が取れず。ママ友に電話して事情を話すと、お迎えに行って夫が帰るまで預かってくれました。

パパの思い

僕だって毎日会いたい

夫が「離れて暮らすのは嫌だ。僕だって父親なんだから毎日子どもたちに会いたい」というので母に泊まり込みできてもらうことに。母と共倒れにならずに済んだし、夫の言葉は今でも支えに。

交代制

夜ならシフトに参加できる

育休は取れなかったので、帰宅後～深夜帯は僕がひとりで沐浴と授乳を担当。妻にはその間寝てもらい、僕はその後朝まで寝て出勤。ふたりとも睡眠時間を確保できて何とか乗り切れました。

病院選び

ふたごの妊娠・出産の病院選びで大切なこと

ふたごの出産は対応できる病院が限られているなど、気をつけるポイントが複数あります。

「いざ」に対応できる病院を選ぶ

ふたごの妊娠・出産は、ひとりの子の妊娠・出産とは異なり、高度医療が必要な状況になる可能性が非常に高いです。そのため、病院選びは重要です。

家から近くて通いやすいクリニック、ちまたで話題のおしゃれな病院など、魅力的な病院やクリニックがありますが、ふたごの場合、「妊娠・出産に関する高度医療ができる病院」という条件を満たす必要があります。妊産婦や赤ちゃんたちの体を守るために、産科と新生児科（新生児が専門の小児科）が併設されていて、いざというときに対応できる病院を選ぶことになります。「周産期母子医療センター」として認定されている病院は、ふたごの妊娠・出産に対応可能で、インターネットなどで検索することができます。しかし、それぞれの病院の特性などもあるため、**病院選びは妊婦健診でかかっている病院の医師に相談するほうが確実かもしれません。**

ちなみに、大学病院など規模の大きい病院が必ずしも周産期母子医療センターとは限りません。

妊娠がわかったときにかかった病院から高度医療ができる病院に移る時期は、状況により異なります。16ページでもお話ししましたが、妊娠10週前後に膜性診断を受ける必要があるため、その時期より前に病院を変える必要があることもありますし、妊娠がわかったときにかかった病院で膜性診断を行い、膜性によって、または妊婦や胎児の経過を見ながら病院を移る時期を医師が判断することもあります。

自宅近くで出産するか、それとも……

ふたごの子育ては、とにかく人手が必要です。**産後に育児を手伝ってくれる人が近くにいるほうがいいの**

であれば、その点も考慮して居住地以外の地域で病院を探す場合もあるでしょう。経産婦で最初の子を産んだときに里帰りをしなかった人でも、ふたり目以降の出産で里帰りをして数カ月実家で子育てをした、という人もいます。

居住地と異なる地域で手助けを受けながら出産・育児をすると、メリットとして、「①産後の体力が回復しやすい」「②子育ての先輩がそばにいる」「③上の子のお世話をしてもらえる」などがあります。

しかし一方、「①親世代との育児方針の違い、些細ないさかいが生じる」「②自分のペースがつかみにくい」「③子が生まれてすぐにパパを育児に巻き込めない（パパが育児に参加できない）」などのデメリットもあります。

また、出産したときの住所と住民票の住所が異なるため、**新生児訪問や未熟児訪問指導などの公的サービスがスムーズに受けられない**ことも、デメリットとして挙げられます。予防接種など地域によってシステムが違うこともあるので、このようなサービスがきちんと受けられるよう注意が必要です。

これらのことを考慮して、自分の出産場所はどこにするのか、各家庭で相談してよりよい方法を選んでください。

病院を移るための準備は早めに

病院によっては、ふたごの出産を取り扱えない場合もあります。居住地と異なる地域に移動して出産・育児することが決まったら、出産を考えている病院に問い合わせをして、ふたごであることと、そして出産予定日を伝えましょう。

ふたごの場合、病院の移動時期は、遅くても妊娠28週までにしましょう。移動先が遠方であれば、さらに早く移動したほうがよいでしょう。いずれにしても、移動の時期や移動方法などを医師に早めに相談し、妊婦個人の体調に合わせて安全に里帰りができるようにする必要があります。

みつごの場合、妊娠初期に受け入れ病院を決めて、妊娠20週ごろまでに移動するようにしましょう。もちろん、体調によってはもっと早い時期の移動が必要なこともあるため、ふたご同様、移動時期は医師に相談しましょう。

妊娠中の不安

多胎妊娠中のママの心の状態

妊娠や出産には、ふたごやみつごに限らず不安がつきものです。先輩ママの声から、イメージをつかんでおきましょう。

喜びも不安も大きい 妊娠初期

多胎妊娠初期の妊婦さんには、ふたり、ないしは3人以上の赤ちゃんたちを妊娠したことに喜びを感じる反面、「単胎妊娠と何が違うの？」「自分にふたごの子育てができるの？」「仕事は続けられるの？」といった**多胎妊娠に対する漠然とした不安や、健診で経過のリスクばかりを強調されることによる強い不安などを抱いている方が多く見られます。**

さらに、つわりなどの不快症状も強く現れると、気分が落ち込み悲観的になり、「どうして私だけがふたごなの？」と否定的な気持ちが出てきて、多胎妊娠を受け入れにくい状況になる方もいらっしゃいます。

不安に個人差が出てくる 妊娠中期

妊娠中期になってくると、これらの不快症状が継続する妊婦さんもいる一方で、安定してくる妊婦さんもいます。

おなかが急激に大きくなってくると、おなかのあちこちでぼこぼこと胎動を感じるようになり、**おなかの赤ちゃんたちに愛着も芽生えてきます。**そうして赤ちゃんたちの名前を考えたり、育児用品の準備をしたりする中で、気持ちも前向きになってくるのです。

妊娠中に生じやすい その他の不安

仕事をしている場合は、「産休や育休はとれるの？」「そもそも退職した方がいいの？」、また「住まいは？」「車は？」などといった新たな家庭生活への経済的な問題などが出現することもあります。

出産の時期が近づくと、早く赤ちゃんたちに会いたい気持ちや楽しみな気持ちも出てくる反面、出産に対する不安感や緊張感も現れます。

経産婦の場合は、上の子どもの年齢・発達にもよりますが、「上の子どもへの影響、幼稚園・保育園へのお迎えは?」、里帰り出産する場合は、「祖父母宅へお泊まりできるだろうか?」など、**現実的な家族の問題に悩むことも多くなります。**

みつごママの妊娠と不安

そしてみつごの妊娠となると、ふたご妊娠以上に妊婦や胎児の健康、妊娠経過への不安は大きいものがあります。

この節の最後に、みつごママから寄せられた声を紹介します。

「入院も早く、ずっと安静でしたから、本当に筋力・体力がなくなっていました。出産して退院するとき、2段の階段が上れずヘナヘナと座り込んでしまいました。

妊娠経過もふたごとは違います。私は34週で〝ベストの出産〟といわれましたが、産後に血圧が上がって自分も1カ月退院できず、このまま死んでしまうのではないかと思いました。

赤ちゃんの様子もふたごとはまったく違います。〝これが、みつごとしてはベスト〟といわれましたが、赤ちゃんの太ももの太さが私の親指の太さでした。肉がついていなくて骨の上に皮を貼ったような赤ちゃんで、鳥のヒナのようでした。」

先輩ママ・パパの声

うちのふたごの場合

妊娠初期

単胎妊娠とは全然違う!

ふたごを妊娠しているときにはつわりがひどく、妊娠経過もトラブルだらけでした。単胎妊娠だった上の子のときとの違いに「なぜ私だけ?」と落ち込みました。

妊娠初期

ママ友の共感

3人目がほしいと妊娠したらふたご。想定外で、産むか悩みました。出産後は一瞬でも中絶を考えた自分を責めましたが、同じ境遇のふたごママの「私もそうだったよ」という言葉に救われました。

妊娠中期

想定不足で……

上の子を一時保育に預けて妊婦健診に行ったらそのまま入院。実家が遠く、夫にも連絡がつかず、保育園の厚意で夫が迎えに行くまで預かってもらいましたが、事前に想定しておくべきでした。

出産前の準備

多胎出産における出産準備品について

育児が始まるときのために準備しておくものを紹介します。状況次第で用意するほうがよいものもあるため、チェックしておきましょう。

生まれるまでに揃えておきたいもの	□ 肌着（ひとり３～４枚）	生まれてもNICU（50ページ参照）に入院ということもあるので最低限度だけ揃えて必要時に買い足しましょう。目安は単胎児の1.5倍です。
	□ カバーオール（ひとり３～４枚）	肌着同様、必要に応じて最低限に。
	□ おくるみ（ひとり１枚）	バスタオルでも代用できます。
	□ おむつ	赤ちゃんたちの退院が決まったらサイズを確認して買いましょう。どの紙おむつが肌に合うかは使ってみて判断してください。
	□ おしりふき	大量に必要になります。通販も便利です。
	□ タオル・バスタオル（ひとり２枚）	赤ちゃん専用のものを準備しましょう。
	□ ガーゼ（ひとり10枚）	授乳のときなどに使い、何枚あっても便利です。
状況を見て準備すればよいもの	□ 哺乳瓶（ひとり２～３本）	必要に応じて追加で購入しましょう。
	□ 哺乳瓶の乳首	赤ちゃんの飲み方にあった乳首を、哺乳瓶と同じ数購入しましょう。
	□ 哺乳瓶消毒	電子レンジ用、つけ置きタイプどちらでも大丈夫です。
	□ 哺乳瓶専用ブラシ	哺乳瓶を洗うための専用のブラシがあると便利です。
	□ 授乳クッション	授乳クッションは、母乳をあげるときに必要です。少し大きくなってから、寝かせたままミルクを飲ませるときに使ったとの声も。
	□ 粉ミルク	まずは１缶、病院で飲んでいるものを退院前に購入しましょう。
	□ ベビーバス	台所のシンクにはまる形が便利です。小さいうちはお風呂に入れるよりベビーバスのほうが楽という声もあります。レンタルでもよいでしょう。
	□ 入浴セット	温度計、石鹸など。
	□ ベビー用ケア用品	綿棒、ベビー用爪切り、洗浄綿、赤ちゃん用ブラシ、体温計など（必要に応じて）
	□ ベビーベッド	なくても大丈夫ですが、小さいきょうだい、ペットと一緒の場合は１台あると便利です。ふたりを横に並べて寝かせます。レンタルもおすすめです。
	□ ベビー布団	寝返りをするころからは布団が安全です。敷き布団は硬めが◎。大人用の布団でも代用できます。

あったら便利なもの	□ 調乳ポット	必ず用意するものではありませんが、ミルク用のお湯を適温で準備できるので便利です。電動ポットで温度が設定できるものがあればそちらで代用できます。
	□ ハイローベッド&チェア or バウンサー	日中寝かせるのに便利。電動でゆりかごのように動かせば自然と寝てくれるので、ぐずりの対策にもなります。高価なのでレンタルでもよいでしょう。持ち運びがしやすいバウンサーも人気です。
	□ おむつ用ゴミ箱	赤ちゃんのおむつ専用のゴミ箱があると便利です。
	□ 抱っこ紐（おんぶ紐）	ひとりがぐずったときや外出時に抱っこ紐があると、安定感があり、長時間抱っこしても疲れません。おんぶもできるタイプだと家事がしやすく便利です。ふたご用のものも販売されています。ライフスタイルに合ったアイテムを見つけてください。
	□ ハンズフリー授乳クッション	哺乳瓶を固定してくれるクッションです。赤ちゃん自身がセルフでミルクを飲めるようにつくられています。
	□ 液体ミルク	常温で飲むことができ授乳時の調乳の手間を省くことができるので、粉ミルクに比べ、授乳者の負担軽減や安全面で利点があります。外出時や災害時にも便利です。
	□ チャイルドシート	退院時など車を利用する場合は必須です。新生児対応のものを選びましょう。交通安全協会から半年ほどレンタルできる地域もあります。

ふたご用ベビーカー

横型

縦型

みつご用

育児グッズ専用店やレンタルなどで一度試してから購入してもよいでしょう。インターネットで購入する際は、ベビーカーのサイズをしっかり確認して、何カ月から使用できるか、自家用車に乗せることができるか、マンションのエレベーターにスムーズに乗り降りできるか、ベビーカーの幅や長さ・重さなど、各ご家庭のライフスタイルに合わせて選んでください。ひとり用ベビーカーとおんぶの組み合わせもあります。値段もさまざまなため、中古品も含め各ご家庭で判断してください。

Column 1

ふたごの名前を考えるポイント

候補だけでも先に決めておこう

ふたごの場合、小さく生まれることが多く、出生直後から治療を受ける場合が多くあります。このとき、名前が決まっていないと養育医療（未熟児養育医療といわれることもあります）のような社会保障の手続きが遅くなってしまいます。

通常は生後２週間くらいまでに名前を決めればよいのですが、何らかの治療が必要なときは、もっと早くにふたりまたは３人分の名前を決定する必要があります。生まれたときの印象で決めたい、という家族もいるかもしれませんが、候補の名前だけでも、妊娠中できるだけ早い時期に家族でよく相談しておきましょう。

ひとりひとりを尊重するということ

最近は、ふたごだからと何でもひとまとめにするのではなく、「ひとりひとりの個人として成長してほしい」という願いを込めて、個性を尊重できるような名前をつけてあげるほうが望ましいといわれています。

以下に命名の際の注意点をいくつか挙げます。参考にしてみてください。

命名のポイント

- 序列はつけないようにする
- ふたりでワンセットのような名前はつけない
- 似たような発音にしない
- できればイニシャルが異なるようにする

2
章

ふたごの出産

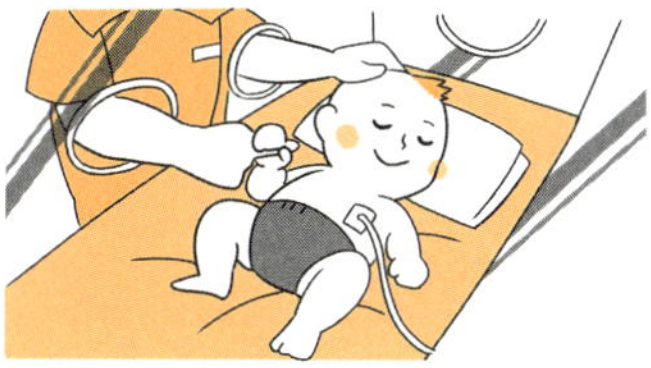

ふたごの出産は母体への負担が大きく、
また、出産後に気分が落ち込んでしまう方も少なくありません。
少しでも不安なことがあれば、看護師や助産師、
医師などに相談をし、家族も早い段階から、
ママがゆっくり体を休められる状況を整えていきましょう。

多胎
出産

多胎における出産の時期と方法

ふたごを出産するまでの基本的な流れや単胎出産との違いなどを確認しておきましょう。

ふたご・みつごの出産時期は早め

ひとりの赤ちゃんの妊娠の場合、多くが妊娠38～40週に生まれ、この時期がママにとっても赤ちゃんにとっても安全な、出産に適した時期と考えられています。

一方**ふたごは、予定日前後よりも、妊娠37～38週ごろのほうが、赤ちゃんが元気で生まれてくる場合が多く、望ましい時期といえるでしょう。**出産予定日ごろまでと考えるより、ふたごは早めと覚えておくほうがよいでしょう。

みつごはふたごよりもさらに生まれる時期が早くなります。妊娠36週ごろが赤ちゃんが元気で生まれる可能性の高い時期といえるようですが、実際には妊娠34～36週で生まれることが多いようです。

帝王切開か？下からのお産か？

ひとりの赤ちゃんの妊娠であれば、多くの場合は下からのお産（経腟分娩）が選ばれます。しかし、**赤ちゃんの大きさや体の状態、ママの合併症の有無、産道（骨盤も産道の一部です）の状態、出産時の妊娠週数など、さまざまな条件が整っていないときは、帝王切開が選ばれれます。**

ふたごの妊娠では、これらに加え、**赤ちゃんたちの姿勢や向きが下からのお産に適しているか、という条件が加わります。**また、赤ちゃんたちの向きが下からのお産に適して

いるときでも、出産の途中で赤ちゃんの向きがガラッと変わることもあり、途中から帝王切開に切り替わる可能性もあります。そのため、赤ちゃんの向きがベストな状態であっても、あらかじめ帝王切開が選ばれる場合もあります。

　ただし、母体に異常がなく、赤ちゃんがふたりとも頭が下向きで、体重がそれぞれ2000g以上あり、元気なことが確認できれば、病院によっては下からのお産になる可能性もゼロではありません。

　みつご以上の場合、どうしても早産になりやすいこと、赤ちゃんたちの体重が少ないこと、赤ちゃんたちの向きがふたごよりさらに変わりやすいことなどを考えると、帝王切開になると思って間違いないでしょう。

ふたごの帝王切開について

前に述べたように、ふたごの出産の場合、帝王切開になる可能性はどうしても高くなります。帝王切開には、「予定帝王切開」と「緊急帝王切開」があります。

　予定帝王切開とは、事前に帝王切開の手術日を決めておくことです。なぜ帝王切開になるのか、いつ帝王切開をすることが望ましいのか、どのような流れで帝王切開が行われるのかを医師から十分に説明を受け、自分の中で納得しておくことが必要でしょう。予定帝王切開ではその時間が与えられています。

　一方、出産をする予定よりも早い時期に母児の状態が急変して出産の必要性が出てきたり、下からの出産の途中で状態が急変して帝王切開に切り替わったりすると、大急ぎで帝王切開が行われることになります。これが緊急帝王切開です。簡単な説明だけをされ、何が起こったかもよくわからず、慌ただしく手術室に送り込まれ、帝王切開が開始されたということもあります。

　その場では流れに身を任せるしかないかもしれませんが、産後に助産師・看護師や医師から話を聞く機会を設けるなど、振り返りの時間を持つとよいでしょう。

帝王切開が早まる可能性

　予定帝王切開の日程は、妊婦にとっても赤ちゃんにとってもベストな日にあらかじめ決められ、万全の準備の中、赤ちゃん誕生を迎えます。しかし、おなかの張りが止まらなくなったり、赤ちゃんの健康状態に何らかの徴候が見られたり、予定外のことが起きやすいのもふたご・みつごにはよくあることです。手術の予定が早まると妊婦も家族もドキドキですが、そのような**臨機応変な対応も時には必要です。**

ふたごにおける下からの出産について

妊娠後半に入院せずに自宅で過ご

していう場合は、入院の時期を自分で判断することになります。どのような状態で入院すればよいか、助産師から具体的に説明を受けておきましょう。そして、**入院する前には、病院に電話をしてふたごであることを伝えてください。**

出産の経過は、ひとりの赤ちゃんを妊娠した場合と基本的には変わりません。しかし、妊娠中ずっとふたり以上の赤ちゃんを包み込んできた子宮が赤ちゃんをひとりずつ順調に外に送り出すのは大仕事で、何かと問題が起きやすいです。

例えば、微弱陣痛（陣痛が弱くてお産の経過が長引く）、遷延分娩（お産の所要時間が長時間におよぶ）、産後の異常出血などは、ふたごの出産で起こりやすい異常です。したがって、陣痛促進剤を使用したり、吸引分娩になったりすることも多いです。前にお話ししたように、状況によっては途中で帝王切開に切り替わることもあります。そのことを頭の片隅に入れておきましょう。

左ページに、「いよいよ出産」というときの流れを図で示します。参考にしてみてくださいね。

ふたご・みつごの出産と入院費

ふたごやみつごの出産は、ひとりの赤ちゃんの出産よりも医療処置が多くなり、赤ちゃんのお世話を病院にお願いする金額が2倍・3倍になるため、入院費が割高になります。ただし、ふたごでも入院費が2倍以上になることはほとんどありません。

出産の際の入院費は一部保険が適用されますが、保険適用外の部分も多いです。その分を公費でまかなってくれるのが出産育児一時金です。そして、この出産育児一時金は、出産の数ではなく赤ちゃんの人数に対して決まった額を受け取ることができます。ということは、**ふたごで2倍、みつごで3倍です。**忘れずに赤ちゃんの人数分申請しましょう。ただし、出産育児一時金の制度は２０２４年8月現在見直し中なので、今後（数年以内に）変わる可能性があります。

mini コラム

多胎のバースプラン

ふたごやみつごの出産では、赤ちゃんたちや妊婦の体のことを優先して、出産方法や日程が決められるため、話題のバースプランに沿った思い通りの出産とはかけ離れていると思うかもしれません。でも妊娠中の入院期間に、実現できそうなバースプランについて助産師に相談するのもよいでしょう。

下からの出産の大まかな流れ

1 ひとり目の破水

ひとり目の赤ちゃんを包んでいる膜が破れて羊水が出る

2 ひとり目の赤ちゃんが生まれてくる

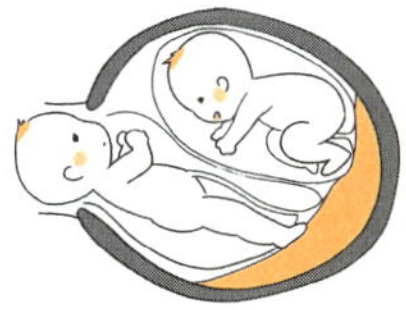

3 ひとり目の赤ちゃんの出産

胎盤はまだおなかの中にある状態

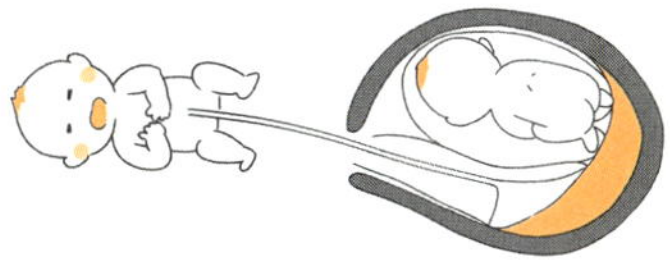

4 ふたり目の破水

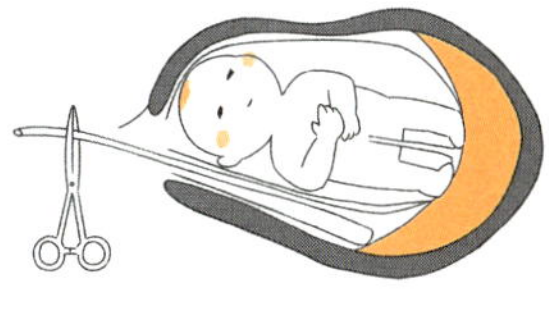

5 ふたり目の赤ちゃんの出産

ひとり目の赤ちゃんが生まれてから5～30分前後で、ふたり目の赤ちゃんも生まれる。最後にふたり分の胎盤が出る

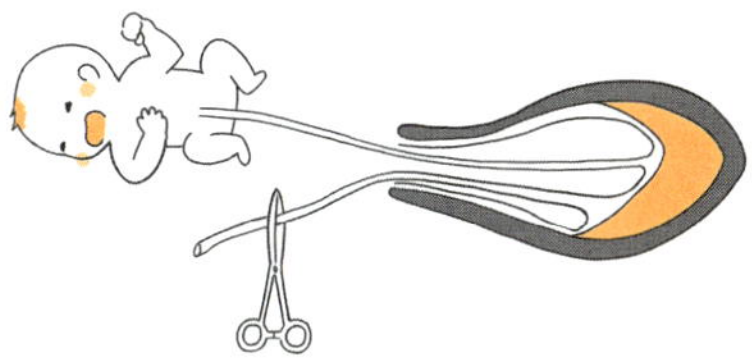

新生児の状態

ふたごやみつごは小さく生まれやすい

ふたごの赤ちゃんは単胎児と比較して小さく生まれる割合が高くなっています。その理由や、意識すべき点などを確認しましょう。

早産児と低出生体重児

ふたごやみつごの赤ちゃんは、半数以上が小さく生まれます。「小さく生まれた赤ちゃん」は、大きくふたつに分けられます。

ひとつは「**早産児（ママのおなかにいた期間が短いために小さく生まれた赤ちゃん）**」です。一般的に、早産児とは、妊娠22週以上37週未満で生まれた赤ちゃんのことを指します。さらに、早産児の中でも早く生まれた赤ちゃん（22～28週未満）は「超早産児」、早産児の中でも比較的遅く生まれた赤ちゃん（34～37週未満）は「後期早産児」と呼ばれています。ちなみに、37～42週未満で生まれた赤ちゃんは正期産児、42週以降に生まれた赤ちゃんは過期産児といいます。

もうひとつが、「**低出生体重児（生まれたときの体重が少ない赤ちゃん）**」です。生まれるまでの妊娠期間にかかわらず、生まれたときの体重が2500g未満の赤ちゃんを低出生体重児といいます。さらに、生まれたときの体重が1500g未満の赤ちゃんは「極低出生体重児」、1000g未満の赤ちゃんは「超低出生体重児」と呼ばれます。

早産児	妊娠22～37週未満で生まれた赤ちゃん
超早産児	妊娠22～28週未満で生まれた赤ちゃん
後期早産児	妊娠34～37週未満で生まれた赤ちゃん
正期産児	妊娠37～42週未満で生まれた赤ちゃん
過期産児	妊娠42週以降で生まれた赤ちゃん

低出生体重児	生まれたときの体重が2500g未満の赤ちゃん
極低出生体重児	生まれたときの体重が1500g未満の赤ちゃん
超低出生体重児	生まれたときの体重が1000g未満の赤ちゃん

赤ちゃんが小さく生まれる割合

日本において、2500g未満（低出生体重児）で生まれる単胎児の割合は8％程度です。一方、**多胎児の場合は約70％が2500g未満で生まれています。**

また37週未満（早産児）で生まれる割合についても、単胎児の場合は5％程度であるのに対し、多胎児はその約50％を占めています。

先にも述べた通り、多胎児は小さく生まれるケースが多数なのです。なお、多胎児の出生体重の平均は2200〜2300gになります。

なぜ小さく生まれてくるのか

例えばふたごの赤ちゃんの場合、妊娠24週ごろまでの体重の増え方は、単胎児とほぼ変わりません（14ページ参照）。しかし24週以降は、単胎児と比べると体重の増え方が徐々に小さくなり、体重差が生じてきます。

これは**24週以降も単胎児と同じ速度で体重が増加してしまうと、母体の負担が増し、おなかが張る頻度も高くなり、早産の可能性が高まってしまうためです。**

実際に24週（妊娠7カ月）ごろになると、ふたご妊婦さんのおなかは、すでに単胎妊婦さんの臨月と同じくらい大きくなっています。

つまり体重の増え方が緩慢になるのは、ママの身体への負担を軽減し、できるかぎり母胎内にとどまって赤ちゃんが成熟するための期間を稼ぐため。極端な体重増加不良がない場合は、単胎児と比べて体重の増え方は少なくても、在胎週数に準じて赤ちゃんの脳神経や臓器などの機能は育っているといえるでしょう。

小さく生まれた赤ちゃんの適応していく力

ママのおなかの中にいたころ、赤ちゃんは常に一定した温かい環境の中で守られ、へその緒を通じて酸素や栄養をもらい、また身体に不要なものを排出してきました。

「生まれる」ということは、赤ちゃんにとって、へその緒から栄養や酸素などの供給がなくなるということになります。

ママのおなかの外で生きていくために、赤ちゃんは体が冷えないように自分で熱（体温）をつくり、体温が下がらないように維持し、酸素を得るために呼吸をし、栄養を得るために母乳やミルクを飲んで消化吸収をしなくてはなりません。また、体の中でつくられた不要なものを尿や便として排出するために臓器を働かせなければならず、必要な酵素やホルモンなども自分でつくり出さなくてはなりません。

赤ちゃんが小さく生まれた際には、このような適応していく力、いい換えると「生きる力」をどれだけ持っているのかが重要になります。

小さく
生まれた

赤ちゃんの一般的な特徴

- **皮下脂肪が少なく、低体温になりやすい**
  ➡保育器内の温度管理や、コットにいる場合はかけものによる保温に注意が必要
- **呼吸が安定しない**
- **哺乳力が弱い、母乳を直接飲むのがむずかしい、飲むのに疲れてしまう、必要な量が十分に飲めない**
  ➡哺乳瓶の乳首のサイズ、硬さに注意が必要。1回量を少なく、回数を増やす。新生児時期は1日8回3時間おきが目安となる
- **睡眠リズムが安定しない**
- **免疫機能が未発達、母親由来の免疫が少ない可能性から、感染症に陥りやすい**
- **体重増加していくのに時間がかかる**
  ➡時間がかかっても、少しずつでも増加していけば大丈夫
- **肝機能の未熟性から、黄疸の治療が必要となることがある**
- **腎機能の未熟性から、体液バランスを崩しやすい**
- **低血糖になりやすい**

それを知るための指標のひとつが、早産児や低体重出生児などの判断基準となっている、生まれた週数や出生体重なのです。

ＮＩＣＵに入院中の生活

赤ちゃんが小さく生まれて体の働きが十分に整っていない場合や、正期産で生まれた赤ちゃんであっても何らかの心配や生命に危機がある場合、赤ちゃんは出産してすぐに新生児集中治療室（ＮＩＣＵ）に入院することになります。

ＮＩＣＵとは生まれた赤ちゃんを集中的に治療し看護する病室のことです。ＮＩＣＵに入院する赤ちゃんは呼吸や心臓の働きが不十分であったり、自分で体温の調節ができなかったりします。そのためＮＩＣＵの赤ちゃんは、保育器の中で人工呼吸器につながれていたり、心臓や呼吸の状態を管理するためのモニターのコードや点滴、栄養のチューブにつながれていたりします。

小さな体にいくつものチューブなどをつけている姿を見ると、多くのパパ・ママがショックを覚え、強い不安を抱きます。また、「私のせいで」「私が〇〇したから」と自分自身を責めてしまったり、落ち込んでしまったりするママも少なくありません。

でも赤ちゃんは、チューブなどをつけていても、生きる力を持って生まれてきています。状態によっては、保育器の中にいる赤ちゃんに触れることも、ミルクをあげることもおむつを交換することも可能です。赤ちゃんたちにはパパとママの声も聞こえます。優しく声かけしましょう。

また、ＮＩＣＵに入院した直後は、赤ちゃんたちに直接母乳を飲ま

せることはむずかしいですが、ママの体では、出産後から母乳がつくられてきます。最初に分泌し始めた黄色みがかった乳汁を「初乳」といいます。**初乳には赤ちゃんの体を守る免疫も含まれていますので、絞って冷凍保存し、NICUに届けましょう。**看護スタッフが受け取って、授乳時間に飲ませてくれます。

赤ちゃんたちは、パパ・ママに抱っこしてもらえる日のために精一杯頑張っています。赤ちゃんの力を信じるとともに、気になることや心配なことがあれば、細かいことでもNICUのスタッフの方々に聞いてみましょう。きっと親身に説明してくれるはずです。

NICUに入院する期間

NICUに入院する期間は、赤ちゃんの身体の機能の成熟度や状態の安定性により違ってきます。体重が2000gを超え、身体の機能が安定してくると保育器から新生児用のベッドに移ります。

目安としては、出産予定日あたり、**赤ちゃんの状態が安定し、ママの準備ができたら退院になります。**

小さく生まれた場合の手続き

生まれたときの週数や大きさ、健康状態などによって、新生児室に入るか・NICUに入るかが決まります。ママと一緒に退院できる場合もあれば、赤ちゃんだけ体重がもう少し増えるのを待って退院という場合もあるでしょう。

場合によっては出産後、そのままNICUへ入院となることもあります。そうした場合、治療に高額な医療費がかかりますので、**早急に健康保険（社会保険・国民保険）へ加入しなければなりません。**

そのためにも、早急に赤ちゃんの名前を決めて出生届を提出する必要があります。加えて健康保険のほかにも、**養育医療給付の手続きが必要です。**これは出生体重が2000g以下や入院して治療を受ける必要のある乳児の医療費を公費負担してもらえる制度です。お住まいの自治体へ申請が必要になるため、自治体のホームページを参照しましょう。

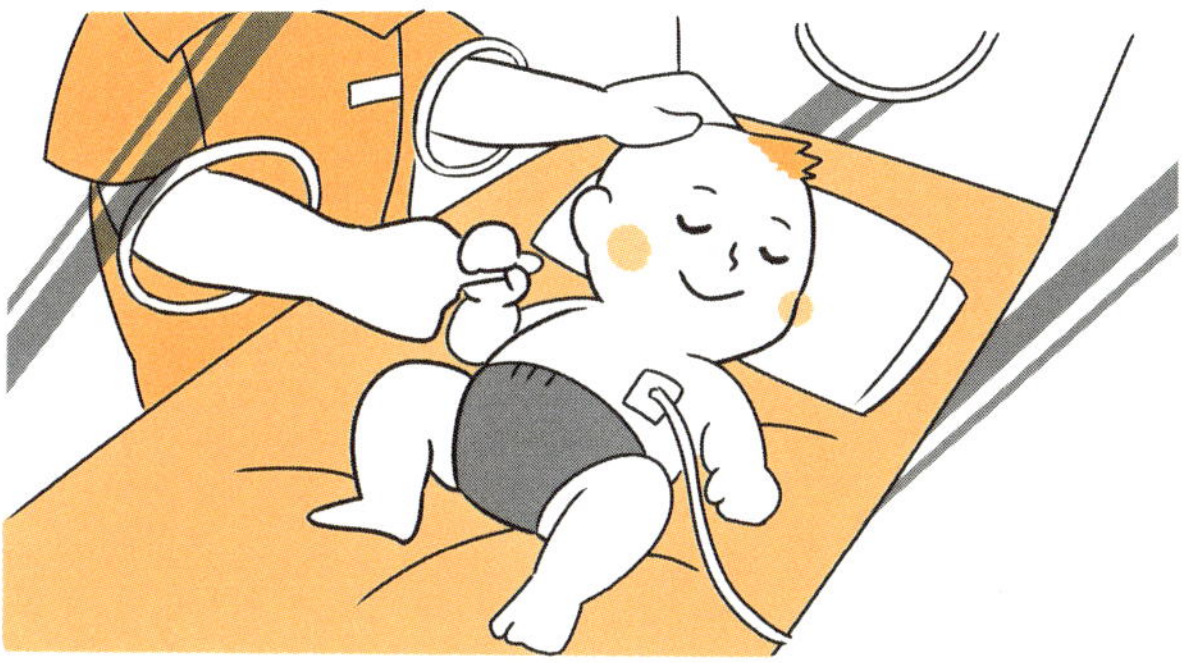

出産後の様子

ふたご出産後の体と心

ふたごの出産は、出産後にかかる母体への負担も大きいです。メンタル面も含め、セルフケアのポイントを把握しておきましょう。

出産直後は思うように体が動かない

お産の状況にもよりますが、**ふたごの出産後は、ママの体の回復が思うように進まないと感じることが少なくありません**。ふたごの出産はただでさえ身体に負荷がかかることに加え、管理入院で安静にしている期間が長いため、筋力も落ちていたりすることがあるからです。

また、妊娠中の貧血やお産のときの出血が多く、立ち眩みがしたり、足元がふらついてしまったりすることもあります。

さらに、妊娠中の負担もすぐにもとに戻るわけではありません。腰痛がつらかったり、血圧が下がらなかったり、貧血が改善しなかったり、むくみがとれなかったりすることもあります。

妊娠による骨盤のゆるみ・ゆがみ、産道周囲の筋肉が伸びきって弱くなっていることから、腰痛や尿もれ、尿が出ないなどのトラブルが、ひとりの赤ちゃんの妊娠よりも高頻度で起こります。

腰痛や恥骨の痛みに対しては、骨盤をベルトで固定することによって痛みを抑えることができます。尿もれに関しては、骨盤底筋体操が効果的です。いずれの症状も適切な対処が必要なため、**生活に支障があるようであれば病院の看護師、助産師や医師に相談しましょう。**

出産を終えた安堵感と自責の念

出産後は、無事に赤ちゃんたちの

泣き声を聞き安堵感を覚えることでしょう。

赤ちゃんたちが新生児室にいる場合、お産後1日目くらいから、ひとりずつ交代で赤ちゃんがベッドサイドにきて、育児を開始することになります。

しかし、まだ思うように体が動かないママは、赤ちゃんをしっかり抱くこともできない状態です。また、赤ちゃんたちが小児科管理のNICU（50ページ参照）に入院した場合は、車椅子で面会に行ったりすることも可能ですが、小さく生まれた赤ちゃんや、保育器の中で点滴などのチューブにつながれたわが子たちの姿に「ごめんね」と涙するママもいます。

この時期は産後のホルモン変化もあり、心も不安定になりがちです。身体の疲れやつらさに、子どもたちを育てていけるだろうかという不安や、赤ちゃんが小さく生まれたことに対する自責の念などが加わり、落ち込んでしまう人はとても多いです。

でも今は、この世にふたりも命を産み出すという大仕事をしたばかり。今は、ゆっくり休んでいいのです。**自分の体を休めること、これがふたごママの最初の仕事です。**

妊娠中もそうですが、産後も無理をしないことが大切。体の回復を優先させて、入院中はできるだけゆっくりしましょう。疲れたときやつらいときは、我慢しないで看護師や助

先輩ママ・パパの声

うちのふたごの場合

産後

想定外の体の調子

ふたごの妊娠経過は順調そのものだったので、まさか出産後にむくんだり、高血圧になったり、体の調子が悪くなるとは想像もしていませんでした。

動けない

情けなくて焦る気持ち

妊娠前から、体が丈夫なのが取り柄だと思っていたので、出産後に体が動かずNICU（新生児集中治療室）に面会にも行けない自分が情けなくて焦る気持ちになりました。

想定外

産後の再入院

産後1カ月。睡眠不足と貧血でフラフラで、ある日ついに倒れてしまって私だけ再入院に。急きょ仕事を休んで夫がひとりで育児をすることになり、「あのときは途方に暮れた」そうです。

産師に相談し、赤ちゃんたちのお世話はお休みしてもいいのです。

退院後もできるだけ心身を休める

体調は、退院してからもなかなかもとには戻りません。妊娠中、ママはふたり・3人をおなかの中で育てるために、たくさんの栄養を赤ちゃんに運んできました。ママの体はかなりの無理をしていたのです。

ママの体調回復には出産後3カ月〜半年かかるといわれています。さらに、授乳がある場合は、それが続いている限り、やはり普通の状態ではありません。そうした中でふたごの育児に慣れていくのは、本当に大変なことでしょう。

ご自身の体調に無理がないように、退院後も1カ月はできるだけ心と体を休ませることを考えて、赤ちゃんたちのお世話を中心に家事の負担を減らせるよう、妊娠中から家族や援助者の支援体制を準備しておきましょう。

また、自治体には、産後ケア事業（143ページ参照）という制度もあります。ママの健康のために利用するのも選択肢のひとつです。保健師さんに相談してみましょう。

出産後のママの心の状態

ふたごの出産後は、食欲が湧かないなど、体調が戻らないことを訴えるママが多いです。そのような状態で赤ちゃんたちの育児を昼夜休みなく行うことが求められ、睡眠不足が重なり、体調がさらに悪化することもあります。

赤ちゃんたちのお世話も四六時中続ける中で夜泣きなどが加わると、自分自身も泣けてくる、落ち込みや疲労感、何をするのもおっくうな様子が見られます。

「自分は母親失格ではないかと思う」「自分はこの子たちを育てられない、育てないほうがいいのではないかと思う」「子どもたちをかわいく思えない自分はダメだ」などの気持ちが見られ、「どこかに消えてしまいたい」「リセットしたい」などの気持ちも見られる場合もあり、赤ちゃんの生活リズムができるまで最もつらい日々が始まります。

mini コラム

搾乳はつらい 〜先輩ママの体験〜

病院でつらかったのは、赤ちゃんがいないのに搾乳することです。赤ちゃんに直接吸ってもらえないし、長く入院していて乳房のケアをしていないので、いくら絞っても数滴出るだけ。となりでたっぷり母乳を出して赤ちゃんに飲ませている単胎児のママを見ては落ち込んでいました。

初産婦であれば赤ちゃんたちの世話をすること自体はじめての経験であり、ひとりひとりをかわいがる余裕もなく気落ちしてしまうことも多くあります。退院後、ママひとりでふたりの赤ちゃんたちの育児をしなければならないとなると、不安感などが蓄積して、ふたり同時に泣かれたりするとどうしてよいかわからなくなります。

また、子どもたちの発育・発達の違いに敏感であり、「子どもたちの体重差」「健康状態の差」「哺乳力や哺乳量の差」など、出産後から見られる小さな差異が悩みの要因となります。

ママがひとりで悩みを抱えてしまうと、子どもたちをかわいいと思えないという気持ちに陥り、うつ状態になることもあります。

出産前後の心の不調は珍しいことではありません。また自分の努力ややる気で何とかなるものでもありません。何となく「今までと何か違う」と、ママ自身、あるいはパパなどの周囲の人が変化を感じたら、遠慮なく保健センターの保健師や助産師、産院の心理士などにＳＯＳを出して、相談してください。

ここに注意！

こんなときはここに相談

誰かに話を聞いてほしい

まず、市区町村の保健師や地域で開業している助産師、病院の心理士など、じっくり話を聞いてくれる医療専門職に相談してみましょう。

体の不調を感じたら

出産した病院や市区町村の保健センターなどに連絡して、助産師・保健師・看護師に体調を伝え、受診先を相談してみましょう。

次の妊娠はいつできるの？

単胎に比べて、ふたごの育児は慣れるまでは心身の疲労が大きいです。その中での夫婦生活は考えられないかもしれませんが、すぐに次の妊娠を望む方もいるかもしれません。

ふたごがまだ小さいうちに次の妊娠をすると、大きくなっていくおなかを抱えての育児になります。それから、完全に子宮がもとの状態まで回復する期間を考えると、**次の妊娠までは最低でも1年〜1年半程度空けることが望ましいでしょう。**

生理の前には必ず排卵があります。産後のホルモンバランスは授乳や疲労も影響し、とても不安定なため、いつ生理が始まるかわかりません。そのため、育児に慣れ一息つくまでは最初の夫婦生活から避妊が必要です。産後はなるべく早めに、家族計画についてよく話し合ってみましょう。

出産後の様子

産後に陥りやすいマタニティブルーズと産後うつ

ふたごの親は、産後うつや、その他の精神的な問題に陥りやすいといわれています。深刻な状況になる前に対応できるよう、概要を把握しておきましょう。

精神にかかる多くの負担

ふたごの親は、産後うつや、その他の精神的な問題に陥りやすいといわれています。

理由はいくつもあります。出産前の医療介入が多いことや、身体的な不快を感じやすいこと、複数の赤ちゃんの要求への対応、睡眠不足や睡眠の中断が多いこと、あらゆるものをふたり分用意しなければならないため経済的な負担が大きくなること、社会的な孤立が生じやすいこと、そして両親の役割の大きな変化などが含まれます。

マタニティブルーズは正常に起こる反応

妊娠中や出産後のいくつもの要因が重なり、ママに見られる心身の症状として「マタニティブルーズ」があります。

妊娠中は、ホルモンのバランスも大きく変わり、身体に大きな変化が現れます。また、出産後は、赤ちゃんたちを迎えることによって、慣れない育児への不安や眠れない日々が続き疲労感などが出現することや、出産後の急激なホルモンバランスの変化などにより情緒が不安定になりがちです。

それらの影響から、**出産後3〜10日ごろに、落ち込みや涙もろいといった気分の変化が出やすくなります。**ほかに、気持ちがふさぎがちになる、不安感が強くなる、集中力が低下する、些細なことで怒りやすくなるなどの軽いうつ症状が見られます。一過性の気分の変動で、その割合は約30%程度といわれています。

つまり、**マタニティブルーズは、産褥経過で正常に起こりうる反応であり、産後2週間くらいでよくなります。**ただ、そのまま産後うつを発症してしまう人もいます。

パパに前もって知識があると、睡眠不足や育児疲れによって、ママ自身にこのような変化が現れたとき、「今はマタニティブルーズなのではないか」などとママに伝えることができます。

そうすることで、ママも自分のおかれた状態を理解することができるので、少しは楽になるのではないでしょうか。

産後うつの症状には個人差がある

日本でも海外でも、約15％の妊産婦が妊娠中も含めて、はじめてうつ病を発症したり、もともと患っていたうつ病が再発することが知られています。

はじめての出産のほうがふたり目以降の妊娠よりも頻度が高く、また**多胎ママにおいては単胎ママよりも産後うつが起こりやすいことがさまざまな研究で報告されています。**

症状としては、個人差があり、さまざまなことが起こり得ます。59ページにその一例を挙げています。

家族でも気づけないことが多い

家族が一緒に住んでいれば大丈夫のように思われますが、家族がうつに気がつくことは少なく、発見が遅れ、症状がひどくなってから受診する場合もあります。

うつはある日突然ではなく、緩やかに状態が悪くなっていくので、毎日一緒にいる家族はむしろ気がつきにくいこともあるのです。

また、「うつは、暗い顔をして一日中ため息をついているような状態だ」と信じられていることが多く、それ以外にも「できていたことができなくなったり、動作が緩慢になったり、情報が処理できなくなるので判断ができなくなったり、テレビなどの音をうるさがったり、感情のコントロールが効かなくなるのでイライラすることもある」と知ると、驚いたような反応を示す人もいます。真面目なママがギリギリまで頑張っ

先輩ママ・パパの声

うちのふたごの場合

ママの心

幸せだけど悲しい

生後2週間ごろだったでしょうか。夜間にひとりで授乳とおむつ替えをしていました。私の場合は母子3人同時退院でしたので、毎日無我夢中で慣れない育児に没頭していました。やっと出会えた子どもたちの誕生がとてもうれしくて、毎日の育児は過酷でしたが、母となった幸せを感じていました。しかし、いつものように夜間ひとりで授乳とおむつ替えをしていると涙がポロポロと流れてきました。眠たさと疲れで頭は朦朧としている中、少しの幸せを感じながらも、何かもの悲しくて涙が落ちてしまうという、今まで感じたことがない、何ともいえない感情を体験しました。

て、眠れず食欲も落ちているのに、周りの家族は「ふたご育児だから、疲れはあるし、こんなものだよね」と思っていて受診が遅れてしまうのです。産後うつについて周囲の家族が理解していないため、入院を勧められているのに「子どもがいるから」と断ったりしてしまうこともあります。

こういったことが、特に**それまでどれだけ健康であっても、また周囲の環境に恵まれていても、経済的に豊かであっても、誰にでも起こりうるということをまずは知っておくとよいでしょう。**

病院を受診する目安について

うつのような症状が長く続いたり、強く出ていたりしても、どこまでが普通の反応で、どこからが病気かなんてわからないし、どんな基準で精神科や心療内科を受診したらいいかわからないという方も多いと思います。左ページに挙げたものは、その判断とする基準の一例になります。

もちろん、このようなことがある前に医療とつながっても構いません。ただ、できれば、自分だけの判断ではなく、ご家族や保健師などなるべく多くの人に見極めてもらうといいでしょう。

妊娠中から、お住まいの地域の保健師や産婦人科医や助産師、小児科医などに相談できる体制をつくっておけることが理想です。産後うつの多くは産後3〜6カ月以内に発症します。そのころには、お世話になった産婦人科には通い終わっていることが多く、相談できる機会が少なくなっていることが多いからです。

ママの異変に気づくために、家族が注意すべきこともあります。例えば左ページに挙げたようなママの異変に気づいたご家族は、保健師たちに相談しましょう。

医療機関につながった後の対応

精神科や心療内科とつながり、産後うつと診断された場合、症状の強さや深刻さに応じて、さまざまな治療がなされます。症状を和らげるためにお薬が用いられることがありますが、医師に相談しながら、授乳に影響の少ないお薬を選択することも可能です。グループの心理療法が受けられる場合もあります。

また、**症状が強いときや緊急性が高いときは、一時的にでも子どもを預けて治療に専念したり、母子で入院をしたりすることができる場合も**

あります。
「私より大変な人はもっといる」「私が努力不足なだけ」などと、ひとりで抱え込まないようにしてください。

妊娠期から知識を得ておこう

妊娠期から、マタニティブルーズや産後うつについての知識を得ること、また、出産後は疲労感を軽減するために環境を整え休息を十分に取ること、それから少しずつ育児に慣れていくことなどが、マタニティブルーズや産後うつを悪化させないことにつながります。

また、妊娠中から地域の多胎ネットや多胎サークルなどのピアサポーターとお話ししたりしておくと、産後もスムーズにピアサポーターにお話しを聞いてもらえ、気持ちが少し軽くなったり、場合によっては、保健師などにつないでもらえたりすることもあるでしょう。

産後うつの症状の例

何もかもがおっくうになってしまって気力が出ない	イライラや焦燥感（いてもたってもいられないような落ち着かなさ）が強い	疲労感が抜けず、体が鉛のように重たい
もともと楽しめた趣味などが楽しめない	理由もないのに涙が出る	疲れていて眠いのに眠れない、または寝すぎてしまう
食事をどうするかなど、些細なことの判断力が落ちる	気分の浮き沈みが激しくイライラしやすい	ご飯が食べられなくなったり、逆に過食になったりしている
幻聴など、今まで聞こえなかった音や声などが聞こえる	自分のことを「母親として相応しくない」「周りに迷惑をかけて申し訳ない」などと強く責めてしまう	自分の外見や身だしなみに構わなくなる
子どもの安全や健康に対して過度に敏感になり、「（偶然または故意に）子どもを傷つけてしまうのではないか」などの考えが繰り返し思い浮び心配することを止められない	「この世から消えたほうがよいのでは」「つらくて消えてなくなりたい」という考えが浮かぶ	かわいくてしょうがないはずのわが子に対して、愛おしく思ったり、親として守ってあげたいと思うといった、親が子どもに抱く情緒的な絆を感じられないような状態になる

出産後の状態

ママだけじゃない！パパの産後うつ

産後にメンタル面に不調をきたすのはママだけではありません。家族で健やかに過ごすために、パパのリスクも把握しておきましょう。

見えづらい"パパの負担"

産後うつになるのは、実はママだけではありません。

世界経済フォーラムが発表している「ジェンダーギャップ指数」というものがあります。この2023年の報告によると、日本の男女平等の状況は、146カ国中125位となっています。これは、日本のパパが家事や子育てにかける時間が、ほかの先進国に比べてかなり少ないことを示しているともいえるでしょう。

この状況を変えようと、日本の政府は、パパが育児にもっと参加することを促す「イクメン」キャンペーンや、新しいパパの育休制度を推進しています。これらの政策は一般的にはよいことだと考えられていますが、ただ単に育児の時間を増やそうとするのには無理があることも指摘されています。

国立成育医療研究センターの調査で、10カ国のパパたちを比べた結果、日本のパパは家事や家族の面倒を見る時間がいちばん少ないものの、仕事にかける時間が多く、自由時間が少ないことを合わせて割合で計算すると、仕事を除いた時間の中で家族のために使っている時間の割合がいちばん多いことが報告されています。

日本政府はパパが家事や子育てに毎日150分（2時間半）使うことを目標にしていますが、毎日それを達成するためには、仕事に割けるのは最大で9・5時間までという計算になります。けれども、実際に調査された日本のパパの70％が仕事に10時間以上、36％は12時間以上を費やしているというデータが出ています。

表面化されにくいものの、赤ちゃんを迎えた後は、パパにも多くの負担がかかっているのです。

パパのうち約10％がうつになる

日本の国立成育医療研究センターにおける大規模な研究によると、パパたちの約10％が、子どもが生まれる前から1歳になるまでの間にうつ病になることがわかっています。

このうつ病は、特に子どもが生まれてから3～6カ月の間に最も多く見られます。妊娠中においては、パパはママよりも産後うつ病になるリスクは少ないですが、**子どもが生まれた後では、パパもママもほぼ同じ割合でうつ病になることがわかっています。**

また、パパもママと同様、多胎の親のほうが単胎の親よりもリスクが高いことが報告されています。

パパがうつ病になる要因をまとめると、パパの長時間労働、社会的な支援が少ないこと、睡眠不足、ストレスが多いこと、家計の出費が多いこと、過去に精神疾患の経験があることなどが挙げられます。ママがはじめて出産する場合や、ママが産後うつ病である場合、夫婦の関係がよくないことも、パパのうつ病の要因となることが報告されています。

また、**パパとママが同時にうつ病になるリスクとしては、子どもが6～12カ月であること、家計の出費が多いこと、パパの長時間労働、ママの睡眠不足などがあります。**

伝統的家族像のイメージで〝家の大黒柱〟として見られるパパには、職場から「子どものミルク代を稼ぐためにも、ますます仕事を頑張らないと」と期待されることがあります。さらに、保健師さんからは「家族を支えられるのはパパだけですよ」とママを助けることも求められます。そして、社会からは「親なら当然、育児もしなさい」といわれる時代です（ただし、これはママにも同じことがいえて、子育てや家事を一手に引き受け、働く夫を支え、さらには職場でも男性と同じように活躍することが期待されてきたというのと同じ状況が起こっているにすぎないのです）。

パパも支援とつながろう

２０２０年の調査で、日本の地方自治体の6・6％しかパパの支援を実施していないということがわかっています。

最近では少しずつ、パパ向けの妊娠前のプログラムなどが増えてきています。これには、経験者からの出産や子育ての話を聞くこと、赤ちゃんと触れ合う機会を持つこと、夫婦のコミュニケーションについて学ぶこと、プレパパ同士の交流会などが含まれます。

それ以外でも、**オンラインなどでパパのつながりを探すことをおすすめします。**また、気分の落ち込みや身体的な不調が続くようだったら、ママのうつと同様、ぜひ医療機関に相談してください。

別離の経験

赤ちゃんが亡くなってしまうことについて

赤ちゃんがおなかの中や、生まれてすぐなどに亡くなってしまった場合、その悲しみとはどのように向き合えばよいのでしょうか？

赤ちゃんを失うという経験

ふたごの妊娠では、ふたり以上の赤ちゃんがひとつの子宮の中にいるため、ちょっと居心地が悪かったり、赤ちゃん同士がお互いに影響し合うことでさらに居心地が悪くなったりして、ひとりの妊娠よりも高い頻度で亡くなることがあります。

また、早産などで出生時の体が小さかったり、生まれつきの病気があったりすると、生まれてすぐに亡くなってしまうこともあります。

ふたごの妊娠の場合、亡くなった子と生きている子がおなかの中にいる、というふたごならではの状況もありえます。

妊娠中に、亡くなった子と生きている子がおなかの中にいると、亡くなった子の影響で生きている子の命が危ぶまれる状態になります。そのため、大急ぎで帝王切開が行われることもあります。

わが子の死というショッキングな出来事に直面した直後に気持ちを落ち着かせる余裕もなく、帝王切開を受けることになります。やりきれない思いを抱えるかもしれませんが、生きている子を守るために必要な医療といえます。

また一方、妊娠初期にふたごと診断されて、その後、一部の赤ちゃんの存在が確認されず、ふたごがひとりに、みつごがふたごやひとりになる場合もあります。妊娠週数が早い時期に亡くなると、赤ちゃんの亡きがらがほとんど確認できないこともあります。そのような経験が記憶に残らない人もいれば、その子の存在がずっと心に残り続ける人もいます。

亡くなった子を忘れる必要はない

かつては、「亡くなった子のことは早く忘れるようにする」「生きている子に目を向けるようにする」

「最初からひとりの子の妊娠だったと考えを切り替える」――それがいいことだと考えられていました。

しかし、今となっては、それはよくないことだったとされています。**亡くなった子がおなかの中で生きていたことは事実です。**特にママは、その子をおなかの中に抱えて日常を送っていました。家族など周囲の人が亡くなった子の存在を忘れようとしたとしても、ママはその子の存在を日々意識してきた期間が長いため、忘れられるはずはありません。

そのため、赤ちゃんを産んだママが周囲の人と思いを共有できず、亡くなった子への思いの温度差を感じ続けることがあります。亡くなった子への思いに家族などで差があるのではと思った場合は、思いを吐き出したり、それを受け止めたりする時間を意図的に設けることも、ときには必要です。

亡くなった子のためにできること

妊娠22週以降に出生した後亡くなった場合は、亡くなった子が戸籍に載りますが、そうでない場合は戸籍には載らず名前が登録されることはありません。しかし、その子が生きていた証として家族で名前を決めて、それ以降も名前で語り続けることはよいことです。

それから、亡くなった子の生きた証として、髪の毛やへその緒などの体の一部や、足形・手形や写真などをとって保管しておくこともおすすめです。写真を撮るときは、全身ではなく、体の一部分だけ、例えば顔の一部や手足だけでもいいかもしれません。おなかの中で成長してその姿になって、生き続けることはできなかったけれど、それまでの成長の証として写真で姿を残すことは大切な意味があります。そして、後で姿を見返すことができます。

亡くなった子のことは心に秘めずに、たくさん語ってください。語る相手は、家族でも友達でも、病院の看護師などでもいいです。語りたい相手に語りたいときに語ってください。そして、何年経っても語り続けていいです。

生まれてきて成長している子の育児に追われる日々の中で、亡くなった子のことを考える時間ができることもあるでしょう。生まれてきた子が成長して話ができるようになったときに、亡くなった子のことを語り聞かせてあげるのもいいと思います。

Column 2

ひとり親の子育て

親の健康は子どもたちの幸せ

ご家庭によっては、ひとりでふたり以上の赤ちゃんたちを育てなければいけないこともあるでしょう。その場合、経済的・精神的を含む"あなたの状況"を知ってくれている人を、ひとりでも多くつくってください。

必要なサポートの遠慮は不要です。迷惑をかけているのではなく、「誰かのサポートを得ることができる自分」に気づいてもらいたいです。あなた自身の心身の健康こそが、子どもたちにとっても幸せにつながります。

自分らしい子育てを

ひとり親であれば、母子・父子かかわらず児童扶養手当の手続きができます。また、医療費助成や家賃補助などの支援もあります。児童扶養手当には所得制限などがあるため、受給対象や手当の月額などは、住民票に記載されている市区町村の担当窓口へ問い合わせてください。

離婚の場合は、養育費の取り決めは口約束ではなく離婚協議書にまとめ、公証役場で公正証書を作成しましょう。調停となった場合は、自身が後悔しないよう、しっかりと意見を伝えられる環境を整えることが重要です。可能であれば、あなたのことを理解できる弁護士に依頼するのがベストですが、むずかしい場合はお住まいの行政窓口で無料弁護士相談窓口や法テラスを利用するとよいでしょう。

いずれにしても、パートナーとの離別は心に何かしらの影響を受けることがあります。子どもたちを守りきることに精一杯だと思いますが、あなた自身を労う時間を取り、あなたの言葉で話せる場所を積極的につくるように努めてほしいと思います。

ひとり親当事者には、必要な決断を自分ひとりですることへの不安や、親の愛情が半分になっているのではという不安を口にする方が多くいらっしゃいます。話を聞くたびに感じるのは、「子どもたちに対しどれほどの愛情を持って、気にかけ、日々かかわってきたか」ということ。不安に思うことはありません。

あなた自身が自分をケアし、十分な休息と、周囲のサポートを得ながら、自分らしい子育てと生き方を選び取ってください。

3章

1歳までの生活と注意点

慣れない授乳や沐浴など、とにかくバタバタした生活が始まります。
無理してすべてをこなそうとすると、思わぬ事故につながってしまうことも！
家族や友人、行政や民間団体など、使えるものは何でも使って、
とにかく大変なこの時期を乗り切りましょう。

誕生後の生活

誕生～3カ月までの赤ちゃんたちとの生活

とにかくバタバタしてしまうこの時期を乗り切るために、事前に注意点を確認しておきましょう！

使えるものは何でも使おう

お誕生おめでとうございます！わが子と対面されて感動でいっぱいと同時に心配や不安や戸惑いなどあるかと思います。ぜひパパやご両親、親戚、お友達、お知り合いの方、行政の産後サポート、民間団体のサポートなど、使えるものは何でも使ってこれからの生活をサポートしてもらってください。**「使えるものは何でも使う」がふたご家庭の鉄則です。**

そうしてこの時期は産後のママの体の回復をいちばんに考えてくださ

ふたごのいる生活の例（出生から1カ月）

時刻	ママ	Aちゃん	Bちゃん
0:00		おむつ	
1:00		授乳	おむつ・授乳
2:00		授乳	
3:00		おむつ	おむつ・授乳
4:00		授乳・おむつ	
5:00			おむつ・授乳
6:00	食事・片づけ	おむつ・着替え	
7:00		授乳	
8:00		授乳	授乳・着替え
9:00	洗濯物干し	おむつ	おむつ
10:00			おむつ
11:00			授乳・おむつ
12:00		おむつ	お風呂
13:00	食事・片づけ	授乳	授乳
14:00		お風呂・着替え	
15:00	洗濯物取り込み	授乳	授乳
16:00		おむつ・授乳	おむつ
17:00		おむつ	授乳・おむつ
18:00	食事・片づけ		授乳
19:00		おむつ・授乳	
20:00			
21:00			授乳・着替え・おむつ
22:00	お風呂	おむつ	授乳
23:00		授乳	おむつ

い。ママの体は妊娠中からの貧血などもあり、大きなおなかが苦痛で十分睡眠が取れていなかったり、安静入院で筋力が衰えたりして、赤ちゃんをしっかり抱くこともままならないと不安になっていたりします。こうした状況の中で出産したと同時に、ふたり、3人の赤ちゃんのお世話が始まります。

必要な支援につながろう

この時期は、多胎家族にとって授乳がいちばんの悩みになっています。まずはぜひとも病院や地域の助産師、保健師にご相談ください。あなたにあった授乳のやり方（同時授乳）を一緒に考えてくださいます。

また、使える支援の情報ももらえます。もしかしたら、妊娠中から家事援助や宅配サービスなど準備していたかもしれませんね。すべてのものを使ってください。

また、「急な出産で準備している間もなく出産になってしまった」「生まれた赤ちゃんたちがNICUのある病院に搬送されてしまった」「ママだけが先に退院となった」「ママとひとりの子どもだけが先に退院になった」「上の子どもがパパの実家にいる」「里帰り出産でパパだけ離れた家にいる」「実家に帰っているが両親が高齢で介護が必要」「ママと実母の関係性がよくない」などさまざまなケースが考えられます。

そのケースに応じて必要な支援を、地域の保健師、助産師、子育て支援センターなどにぜひ相談してほしいですし、多胎の先輩ママや家族に経験者としての話を聞いてみると、同じふたごを育てる親として貴重なアドバイスがもらえることでしょう。**常に「誰でもいいから頼る・助けてもらう」「誰かに相談する」を生活の基本においてください。**小さく生まれたり、早く生まれた赤ちゃんたちも、ゆっくりでも、少しずつ成長していきます。

時間を決めて交代で子どもを見る

19～21時はママ、21～24時はパパ、1～3時はママ、3～6時はパパ、のように時間で分けて担当を決めましょう

自分を責める必要はない

赤ちゃんは泣くものです。授乳したり、衣服を調節したり、あらゆる手を尽くしても、泣くときは泣きます。自分を責める必要はありません

名前ラベルを確認する

ふたごを間違えないために、見分けがしっかりつくようになるまで外さないようにしましょう

記録用紙を準備する

「どちらに授乳したのか？」「どちらがうんちをしたのか？」など混乱することが多いため、それらを記録する紙を用意し、家族やサポートする人と共有できるようにしましょう

完璧じゃなくて大丈夫

0か100かで考えず、「ちょっとだけでよい」と考えると、気持ちが楽になります。「ちょっとだけ」を喜んでいけると、育児が楽になるでしょう

自分の体調にも気を配る

子どもが小児科を受診したときに、ママ自身の体調不良のことも一緒に聞いてみましょう

子どもの成長

ふたごの発育・発達の目安と見守り方

子どもたちの発育はとても気になるもの。ふたごの発育の特性を理解しておきましょう。

発育の目安となるグラフの読み方

発育が順調かどうかを判断する目安として、少し古いデータですが、下のグラフ（ふたごの乳児身体発育曲線）をご覧ください。ふたごのママの報告をもとにした身体発育曲線と、厚生労働省の身体発育曲線を比較したものです。

在胎週数が短い場合は予定日を誕生日として（「修正月齢」といいます）評価します。

測定値が曲線に沿っていれば、子どもなりに順調な発育とみなして大丈夫です。体重が思うように増え

乳児身体発育曲線（0〜1歳）

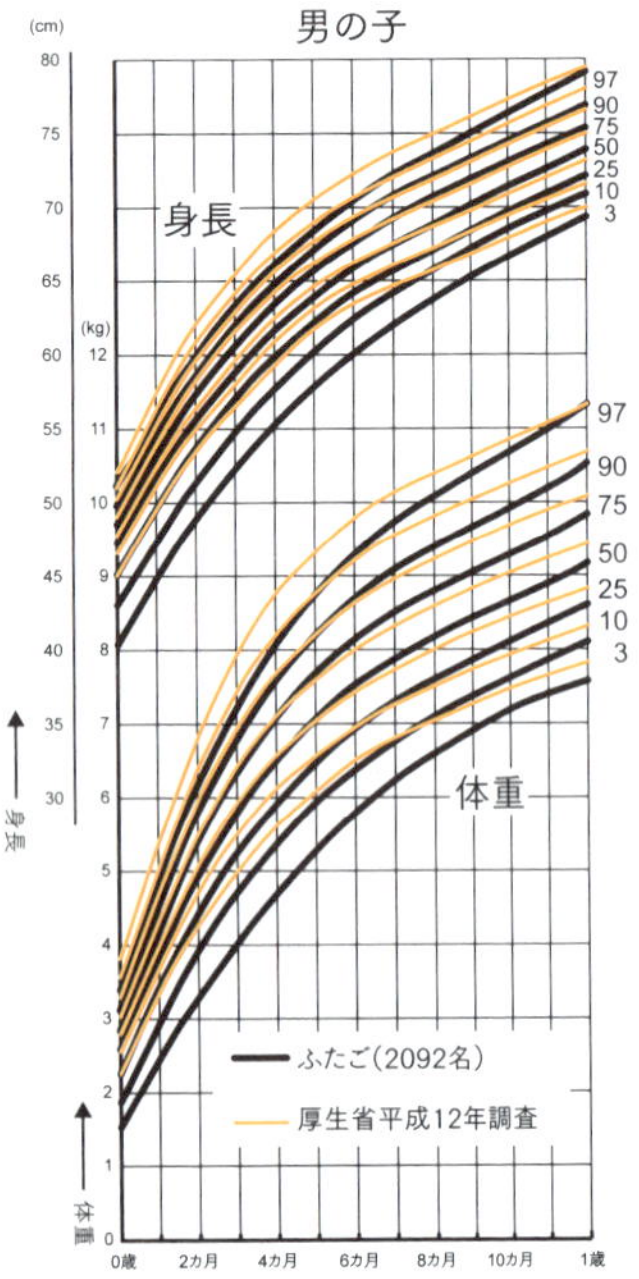

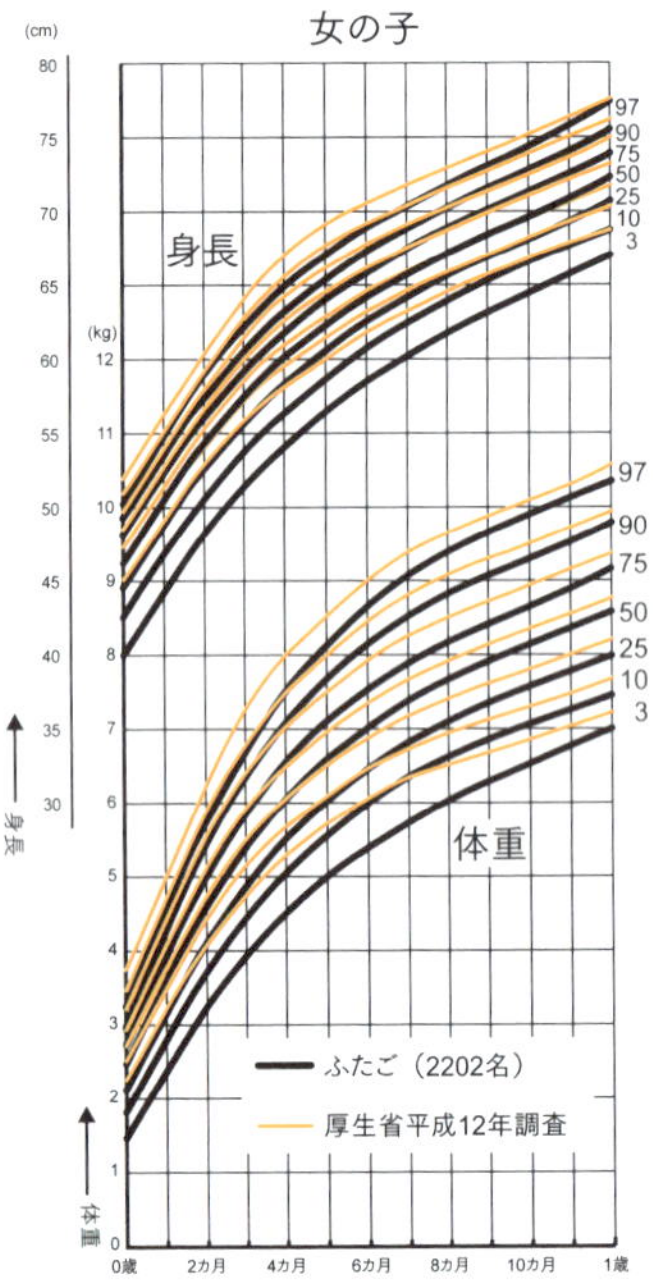

※グラフ右側の３〜97はパーセンタイル値

ず、曲線が横ばいであったり、凸凹があったりする場合は、かかりつけ小児科医や保健師、助産師などに相談しましょう。

発達と発育を見守る

0カ月から3カ月の発達は目覚ましく、毎日のように成長ぶりが見られます。 1カ月ごろには体が活発に動くようになり、「自力で首を動かそうとする」「手足の動きが活発になる」「動くものを目で追うようになる」などの変化が見られます。また、声をかけられることや抱っこを喜び、「あ〜」などの声を出すようになるもこの時期です。

2カ月ごろには、あやすと笑うようになります。3カ月になれば、腹ばいにすると頭を上げようとし、ガラガラなども持つようになります。

このころより、他児やふたご同士の発達の差が気になり比べてしまうこともありますが、**比較するのではなく、それぞれの成長を見守っていただきたいです。**

3カ月ごろになると、ほかの子と比較して小さいように思えることもありますが、1歳を迎えるころになると、単胎児に追いつく子どもたちが多くなります。

下のグラフ（運動発達通過曲線）は、ふたごとそれ以外の子ども（厚生労働省）の運動発達を比較したものです。

首のすわり、ひとりすわりは、ふたごと厚労省の値とほとんど変わりません。一方、寝返りやハイハイ、つかまり立ちは、ふたごは1〜2カ月程度ゆっくりとなっています。

ふたご同士の運動発達の差は、1カ月以内が多くなります。二卵性は1〜2カ月の差は普通に見られ、2〜3カ月の差もまれではありません。**差があってもふたりの個性です。** ふたごの間に発達の差があっても、気にしすぎずに成長を見守ってください。

運動発達通過曲線

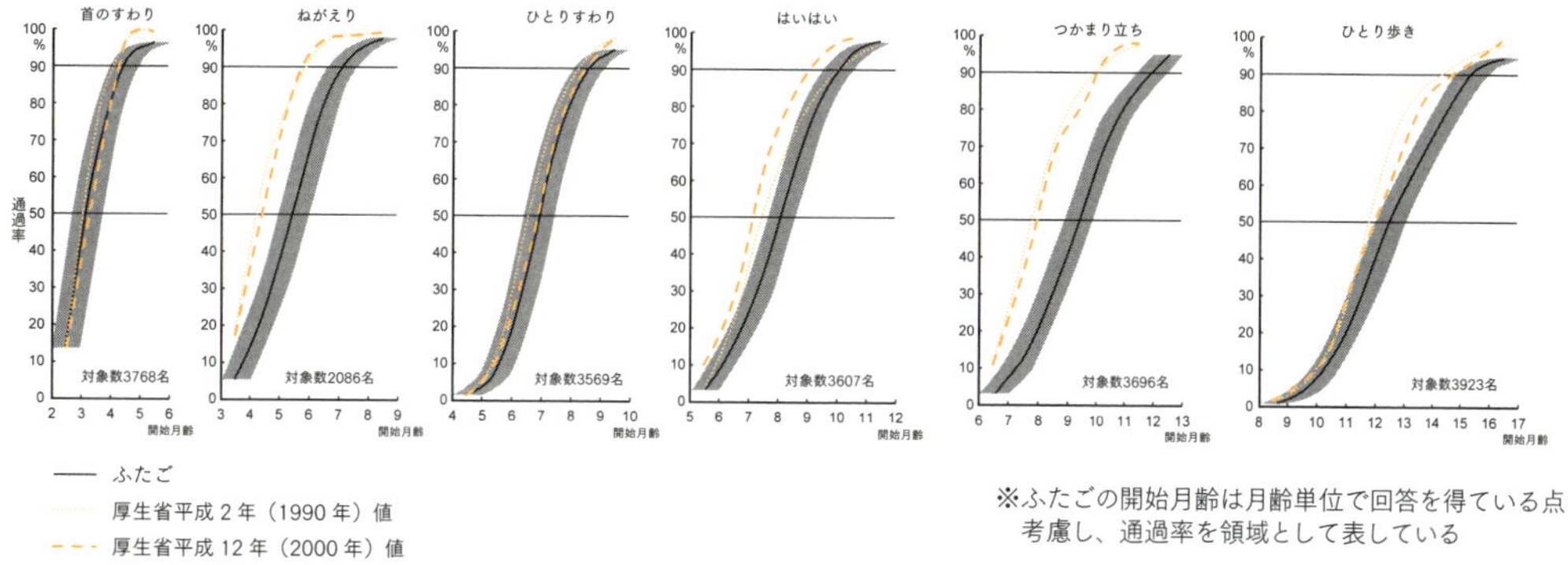

※ふたごの開始月齢は月齢単位で回答を得ている点を考慮し、通過率を領域として表している

同時授乳

ふたごならではの「同時授乳」を覚えよう

負担の大きい「授乳」。ふたご家庭で行われている「同時授乳」を覚えて、負担を軽減しましょう！

同時授乳で効率アップ！

授乳は育児の中でも特に多くの時間を要するものです。その上、子どもがふたりともなれば、2倍・3倍の時間と手間がかかります。

しかし、「同時授乳」というテクニックを使えば、ひとりの赤ちゃんの授乳時間と手間にプラスアルファで済むようになります。それに、これはふたごの家族でないとできない特別なテクニックです。ふたごの家族の特権だと思って、トライしてみましょう。

同時授乳とは、ふたり以上の赤ちゃんに同時に授乳をすることです。「ふたりとも母乳」のこともあれば、「ひとりは母乳でひとりは粉ミルク」、「ふたりとも粉ミルク」、とバリエーションはさまざまです。

授乳のタイミングを合わせる方法としては、「ひとりが泣いたときに、もうひとりを起こして同時に授乳する」や、「先に泣いたほうをあやしながら、もうひとりが泣くまで待って授乳する」、「ふたりとも寝ていても起こして授乳する場合」など、いくつかのケースがあります。

同時授乳にはさまざまなメリットがある

同時授乳を行うメリットとして、次の3つが挙げられます。

①授乳時間を節約できる

②赤ちゃんたちが同時に泣いた場合、ミルクを飲ませてないほうに対する後ろめたさを感じたり、気が散ったりすることなく授乳に集中できる

③赤ちゃんたちの生活リズムが整うため、育児をする家族の負担を減らすことができる

さらに、母乳の場合は、両方のおっぱいで同時に授乳するため乳汁分泌が促される、ひとりに授乳をしているときにもう片方のおっぱいから母乳が漏れることがなく無駄なく

飲ませることができる、という利点もあります。

また、同時授乳の手順と注意点については、下の図にまとめました。確認しておきましょう。

同時に授乳する3つの方法

同時授乳の方法には、大きく分けて「母乳のみ」「母乳とミルクの混合」「ミルクのみ」の3パターンがあります。

それぞれの方法やポイントを見ていきましょう。

①母乳のみの場合

座布団やクッションを使って両脇に赤ちゃんたちを寝かせ、胸に引き寄せて授乳をします。これは首が安定しない時期に適している「両児脇抱き」という方法です。

首がすわってからは、赤ちゃんたちを縦抱きにして、ママの足にまたがらせて同時に授乳します。安定的かつ楽な姿勢での授乳が可能になる

同時授乳の手順と注意点

01 開始前に哺乳瓶、タオル、ティッシュペーパー、ガーゼのハンカチ、時計など必要物品を手の届く範囲に揃えておく

02 授乳者が楽な姿勢で授乳できるよう、台やクッションなどで授乳の場を設定する

03 授乳を行う

くわえ飲みをさせる場合

- くわえ飲みとは、赤ちゃんを寝かせたまま哺乳瓶をくわえさせて授乳する方法
- 必ず授乳者の目と手の届く範囲で行い、哺乳瓶が外れたときなどすぐ対応できるようにする
- 赤ちゃんが母乳やミルクを上手に飲み込めるように、平らなところに寝かせずに、クッションやバウンサーなどで頭を高くする
- 飲み終わった後はできるだけ早くゲップをさせる

授乳の記録

- 軌道に乗るまではある程度哺乳量の過不足を判断できるよう、それぞれの児の哺乳時間や哺乳量を記録しておく
- 軌道に乗った後は児の体重増加が順調なら不要

両児とも母乳の場合

- 両乳頭への刺激を均等にするため、それぞれの児が左右の乳房から均等に飲めるよう調整する

でしょう。

母乳のみ

両児立て抱き

両児脇抱き

②母乳とミルクの混合の場合

片手で支えながらひとりに母乳をあげ、もう片方の手でもうひとりの子にミルクをあげる方法です。母乳をあげる子とミルクをあげる子を交互にするとよいでしょう。

母乳とミルクの混合

③ミルクのみの場合

ふたりとも寝かせたまま哺乳瓶を支えにして飲ませるか、ひとりを抱いてもうひとりを寝かせて飲ませるかのどちらかの方法をとるとよいでしょう。赤ちゃんを寝かせたまま哺乳瓶で授乳する場合は、人の手を使わずに道具で哺乳瓶を固定することもできます。道具といっても、タオルを丸めたもので十分です。空き箱などで適当な哺乳瓶スタンドをつくったという先輩ママもいますし、専用の便利グッズも売られています。

赤ちゃんがミルクを吐いてしまったり、ミルクをこぼしてしまったりすることもあるので、赤ちゃんの口の周りにタオルなどを添えておくようにしましょう。

ミルクのみ

飲み終わった後は、先に飲み終わった子から順に、ゲップをさせてください。

ゲップの出し方として、しばらく横向きに寝かせておく方法もあります。ゲップがなかなか出ないときにやってみましょう。横向きのままにできずにすぐ仰向けになってしまうようなときは、寝かせた背中の後ろにタオルや毛布を入れ込んでおくと横向きをキープできます。

手を添えずに授乳する方法は、なんだかかわいそうな気もしますが、飲んでいる姿を必ず見守っているようにすれば、もしひとりがむせたりしたときにすぐに手を出して対処できるので、哺乳瓶を両手に持つよりもむしろ安心です。

入院中に授乳の練習をしておくとよい

授乳は、最初はなかなかうまくい

かないものです。しかし慣れてくれば、母乳の分泌を促すホルモンが増加して、母乳がよく出る効果を得られるとされています。

　まずは**入院中に赤ちゃんの抱き方を練習したり、クッションや枕を使った授乳のコツをつかんだりしておくとよいでしょう**。首がすわらない時期にはむずかしかったり、助産師に教えてもらう必要があったりするため、退院後に改めて相談してみるのもよいかもしれません。

ママと赤ちゃんたちに合った方法を探していこう

　生後1～2カ月は、母乳かミルクかなど、授乳方法について悩むことも多いでしょう。**多胎の子育てで最も多いのは、母乳とミルクの混合パターンです。**ほとんど母乳だけで赤ちゃんたちを育てたという多胎ママは全体の1割にも満たず、母乳の出が悪いという理由でミルクのみの授乳を行ったというママも、単胎に比べ多いです。

　もちろん、「ふたご（みつご）だから完全母乳は無理」ということでもありません。しかし**「絶対に母乳で育てなくてはいけない」と、こだわる必要はありません。**

　実際に母乳がよく出るママでも、ふたごの場合は、ほとんどの方がミルクを併用しています。ママ以外の方がお世話をしている間にも授乳をしてもらう必要があるからです。

　また、ふたごの育児の場合、母乳が足りないと感じるママも多いといいます。なかには「それでも母乳を飲ませてあげなくちゃ」と気負ってしまう方もいますが、頑張りすぎなくても大丈夫です。一般的に、授乳は1年以上続くもの。ママの心身の負担にならないよう、臨機応変に考えましょう。実際、ミルクに切り替えたら気が楽になったというママの声もあります。

　ママと赤ちゃんたちの状態次第で、授乳の仕方もそれぞれ。特定の方法にこだわる必要はありません。授乳に慣れてくるころには、自分たちに合った方法も見つかるでしょう。

沐浴とお風呂

赤ちゃんたちの安全な沐浴・お風呂の方法

赤ちゃんが複数人いると、沐浴やお風呂も一苦労。安全に実施するためのポイントを確認しましょう。

沐浴は安全に行う

生まれたばかりの赤ちゃんは、新陳代謝が盛んで、発汗量も多いため、定期的に皮膚を清潔に保つ必要があります。生後1カ月くらいまでは感染予防のために、ベビーバスなど、大人とは別の浴槽を用いて沐浴を行うことが望ましいといわれています。

一般的には、1カ月健診で医師に確認した後に入浴に切り替えることが可能だとされています。しかし、ふたごの育児においては、複数の子どもを安全に入浴させようとすると負担が大きくなるため、**生後1カ月以降もベビーバスなどで沐浴しているケースが少なくありません。**無理に入浴に切り替えようとせず、負担なく安全に実施できるスタイルを優先しましょう。

首のすわらないふたりの子どもを沐浴している際にトラブルが起きて対応が遅れると、大切な命が危険にさらされる事態が生じる恐れがあります。沐浴を始める前に子どもの沐浴を中断せずに行うことができる安全な環境を整えましょう。

また、**沐浴は安全面の観点から、ひとりずつ行うようにしましょう。**

沐浴の場所選びの3つのポイント

沐浴の場所は「①室温・湿度」「②体への負担」「③着替え場所」の3つを踏まえて決めましょう。

①室温・湿度

裸でも寒くないように、室温は25℃前後、湿度40～60％を目安としましょう。また、沐浴に使用するお湯は38～40℃。必ず沐浴直前に温度計と自分の手で温度を確かめるようにしてください。

②体への負担

沐浴は浴室で行うイメージが強いかもしれませんが、安全が確保されていれば、実施者の体の負担が少ない場所で行って構いません。立った姿勢で沐浴や着替えを行うことができる場所を選択すると、沐浴させる人の腰への負担を軽減できます。

③着替え場所

沐浴前に、沐浴後の子どもの着替え場所を考えて場所を決めましょう。子どもの首がすわるまでは、ダイニングテーブルなどの高さのある台の上で着替えさせることも可能です。

もちろん絶対にそばを離れず、着替えが終わったら、すみやかに布団やベビーベッド、スイングラックなどに子どもを移動しましょう。

子どもの首がすわってからは、寝返りなどによる転落のリスクが高まるので、テーブルなどの高さのある台を使用した着替えは控え、床にマットや布団などを敷き、そこで着替えるようにしましょう。

浴室での沐浴の注意点

浴室は「シャワーが使える」「周囲がお湯や石鹸で汚れても気にならない」「準備や片づけが楽にできる」「たくさんお湯を使うので浴室内が温かい」などのメリットがあります。

また、子どもの成長に合わせてバスチェアを使用したり、浴室の滑り防止のバスマットの上で子どもの体

先輩ママ・パパの声

うちのふたごの場合

ふたりで

人手のあるときの対応

家族やパパの手がある場合のお風呂は、ひとりが子どもを洗い、もうひとりが受け取って着替えをするリレー方式で行いました。

ひとりで

ベビーバスを愛用

ひとりでお風呂に入れる場合は、子どもがお風呂に大人と一緒に入れる時期になっても、自分が裸にならなくてもいいので、子どもの体が入る限りはベビーバスを利用しました。

ひとりで

湯冷め防止をする

フードがついた全身を覆えるバスタオルを使うと、着替えに時間がかかっても湯冷めしにくくなりました。私はバスローブを羽織り、子どもの着替えをしました。

を洗ったりすることも可能です。

注意点として、**浴槽の蓋の上にベビーバス、バスチェアなどを置いて沐浴を行うことは避けてください。**ベビーバス・バスチェアなどの重みで蓋が変形したり、ずれて転落したりする恐れがあります。

また、浴室で沐浴する場合、床にベビーバスを置き前屈みの姿勢で沐浴するため、沐浴をさせる人の腰への負担が大きくなります。浴室用の椅子に座って行うなど、腰への負担を軽減しましょう。

キッチン・洗面台などで沐浴する場合

浴室以外の沐浴場所としては、キッチンや洗面台などが挙げられます。メリットは、立った姿勢で沐浴でき、腰への負担を軽減できることです。

一方で、「沐浴前に周囲を整理するなど、準備や後始末に時間がかかる」「お湯や石鹸がこぼれて、周囲や床が汚れる」などのデメリットもあります。特にキッチンは浴室などと比較して、使用前に周囲を整理し、安全な環境をつくる必要もあります。**刃物などの危険なものは片づけ、加えて、上からものなどが落ちてこないように整理してください。**その上で、ベビーバスがしっかりと固定されていることを確認してから沐浴を行いましょう。

待っている子どもの居場所を確保する

沐浴している間、もうひとりの子どもに危険が生じないように対策をしましょう。待っている子どもの安全が確保できれば、目の前の沐浴にも集中して取り組むことができるようになります。

基本的には、**沐浴場所から見える場所に子どもの居場所を確保します。**例えば浴室で沐浴する場合は、浴室の扉を少し開け、音の聞こえる状態で脱衣所にスペースを確保しましょう。

キッチンなどで沐浴する際、子どもをベビーラックなどに寝かせてそばで待たせる場合などには、お湯や石鹸などがかからないように注意してください。

もし間取りの都合などで子どもの様子が見えない場合は、ベビーモニターを活用するなどの工夫が必要になります。特に、目の届かない場所でベッドに寝かせている場合は、転落しないように柵を上げる、床にマットや布団などを敷き寝かせるな

どの配慮が必要です。

さらに、子どもがハイハイなどで移動できるような場合は、危険な場所に行かないように部屋の出入口にガードを設置するなどの安全対策をしましょう。

沐浴の時間と頻度の目安

乳児の沐浴は毎日、同じ時間に行わなければならないということはありません。**一般的に「授乳後1時間は沐浴を行わない」「空腹時は不機嫌になることが多いので、沐浴は避けたほうがよい」といわれているので、授乳した時間を考慮し、沐浴の時間を決めましょう。**

また、夜に沐浴を行う場合は、子どもの夜の睡眠に影響しないように、入眠予定の2時間前には沐浴は済ませるようにしましょう。

子どもの体調がよければ毎日沐浴を行って構いません。しかし、子どもや親の体調、育児協力者の有無によって沐浴がむずかしい場合は、無理をせず子どもの体を拭いたり、お尻だけ洗ったりといった対応をしましょう。

沐浴から入浴への切り替え

沐浴から入浴（86ページ参照）への切り替えとなる目安の時期は、協力者の有無や入浴方法、子どもの成長発達などによって異なります。**子どもの成長発達には個人差があります。**お子さんたちが小さく生まれた場合は、焦らずに、成長発達の状況に合わせて切り替えるようにしましょう。

沐浴で使うもの

必要物品

- □ 湯温計
- □ かけ湯をするためのボールや手桶
- □ 刺激の少ない石鹸

子どもの人数分用意するもの

- □ 顔を拭くためのガーゼハンカチまたはミニタオル
- □ 沐浴時に子どもの体にかけるガーゼタオルやフェイスタオル
- □ 沐浴後に使用する上着＋下着＋おむつ＋バスタオルのセット

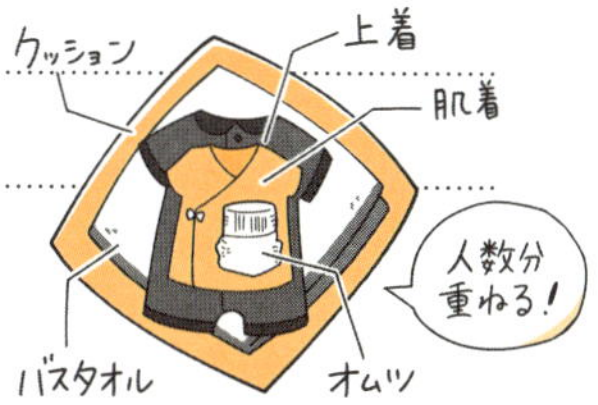

必要に応じて用意するもの

- □ ベビーバス
- □ バスチェア

事故予防

ふたご家庭における事故予防のポイント

ふたご家庭は事故が起こりやすいとされています。悲しい事態を招かないためにも、月齢に応じた対策を講じましょう。

「不慮の事故」の対策は必須

厚生労働省の令和3年度調査によると、1歳では「不慮の事故」が死亡原因の第4位、1〜4歳では第3位、5〜9歳では第2位となっています。**子どもの死亡原因の上位4位に「不慮の事故」が入っているというのが日本の現状です。**

ふたご家庭は事故が起こりやすい

全国の多胎育児サークルの協力を得て行った調査では、事故やけがで一度でも医療機関を受診した経験のある子どもは1034名中436名（42・2%）という結果が出ています。これまでの子ども全般を対象とした同様の調査では1〜3割程度であったことから、**ふたご家庭では医療機関を受診するような事故が多く発生している可能性が高いと考えられます。**

例えばふたごの場合、「A児のおむつ替え中にB児が泣いたので振り返ったら、A児への注意が散漫になりベッドから転落した」「A児がB児のおしゃぶりを取ろうとして顔を触ったとき、その手がB児の眼球に触れて傷ができた」などのように、複数の赤ちゃんがいるからこそ起こる事故があるという点が、事故多発の理由として挙げられるでしょう。

なお、**月齢・年齢や発達段階によって、起こりやすい事故の種類は異なります。**事故を防止するためには、子どもの月齢・年齢と身体的特徴、認知能力や運動機能の発達段階を事故防止の視点から捉えておく必要があります。

0〜3カ月までの事故原因

3カ月までは寝返りしない、ものがうまくつかめない時期です。この時期は周囲の大人の不注意による事故が起こりやすく、熱いミルクによるやけどなどに注意が必要です。

また、0歳児の不慮の事故による死亡原因を見ると「窒息」が8割を超え最多。これは、ミルクを吐いたことや、柔らかい寝具などによる窒息が起きやすいためです。

また、**0歳児に代表的な事故として、転落、誤飲・誤嚥、熱傷などが挙げられます**。下の図のように、それぞれの対策を検討するようにしましょう。

4カ月〜1歳までの事故原因

3カ月までは首もすわっていない赤ちゃんたちですが、6カ月ごろには寝返り、8〜9カ月を迎えるころまでには、ハイハイができるまでに成長します。

子どもの成長はうれしいものですが、それは裏を返せば、思わぬところで事故が起こる可能性があることを意味しており、具体的には転落や誤飲・誤嚥などが増えてきます。

0歳に多い事故とその対策

窒息

- うつぶせは、窒息のリスクがあります。1歳になるまでは、寝かせるときはあお向けに寝かせましょう。かけ布団は子どもがはねのけられるように軽いものを使用し、敷き布団やマットレス、枕は固めのものを使用しましょう
- ベッドと壁の隙間などに挟まってしまい、窒息をするリスクがあるため、周囲の隙間をなくしましょう

誤飲・誤嚥

- 1歳までは、触る、なめる、口に入れるといった行動によってものを認識する時期です。一歩間違えば重大な事故につながります。上の子が使っている文具や粘土、おもちゃや、親のたばこやボタン電池、磁石などの小さいものは、必ず子どもの手が届かない場所に保管しましょう
- 誤飲しやすいものかどうかは、トイレットペーパーの芯を使って確認することができます。トイレットペーパーの芯を通るものはすべて「誤飲」の危険性があると考え、管理方法に注意するようにしてください

熱傷

- 子どもは目を離した一瞬の間に、テーブル上の電気ポット、カップ麺、炊飯器などに手を伸ばしてやけどします。子どもは皮膚が弱いため、少しの熱でも重症化する危険があります。蒸気レス炊飯器や、倒れてもこぼれない電気ポットなどの安全に配慮された商品を使うようにしましょう

転落

- 寝返りができないと思っている時期でも、ちょっと目を離した隙にベッドやソファーから転落してしまいます。子どもの発達は早いことを意識しましょう。保護者のちょっとした油断が事故につながります。また、睡眠不足のママは、赤ちゃんを抱っこしながらついうとうとしてしまいます。夜間の授乳は椅子やソファーで行うのではなく、床・畳などの低い場所で行うのが安全です
- 抱っこ紐を使用するときは取り扱い説明書をよく読み、ベルトの緩みがないことを確認しましょう。前にかがむときは手で支える、おんぶや抱っこをするとき、降ろすときは低い姿勢で行うなどの注意事項を守りましょう

家事の工夫

家事の負担を減らして多忙な育児を乗り越えよう

ふたごの育児は常に多忙です。そのため、少しでも日々の家事を楽にする方法について、ふたご家庭がよく話している工夫を紹介します。

妊娠中に家事を「見える化」する

まずは妊娠中から、日ごろ行っている家事を書き出して、「見える化」することをおすすめします。その上で、それぞれの家事について、誰が何をできるのか、家族で役割分担についてよく話し合っておくことが大切です。そうすることで、産後もスムーズに家事の分担が行えるのではないでしょうか。

例えばパパ担当の家事としては、「洗濯をする」「家族分の朝食をつくり、食べてから家を出る」「ママの分もお昼のお弁当をつくり、置いて家を出る」「夕食はお弁当やお惣菜を買って帰宅する」「哺乳瓶も含めた洗い物をする」「お風呂やお手洗いの掃除をする」などが挙げられます。

パパはどうしても「おむつ替え」や「ミルクを飲ませる」、「沐浴やお風呂に入れる」、「寝かしつけ」といったお世話に注目しがちですが、**分担できる作業は赤ちゃんに関するものだけではありません**。家事の分担も率先して協力してくれると、ママはとても助かります。

定期的にどちらかに負担が多くなっていないかを話し合い、家族全体で協力しながら家事の分担を進めていきましょう。

家電や道具で自動化・効率化

便利な家電の導入を検討してみるのもよいでしょう。具体的には、例えばロボット掃除機があります。自動で掃除を済ませてくれますので、強力な味方になります。
そのほかにも、洗濯物を干す手間をなくしてくれるドラム式洗濯乾燥機や、洗い物を減らしてくれる食器洗い乾燥機などもおすすめです。
自動化だけでなく、家事の時短や効率化の工夫も大切になります。掃除を「コロコロ」と呼ばれる粘着カーペットクリーナーだけでさっと済ませる、お風呂掃除にはブラシ洗い不要な流すだけの洗剤を使う、などです。

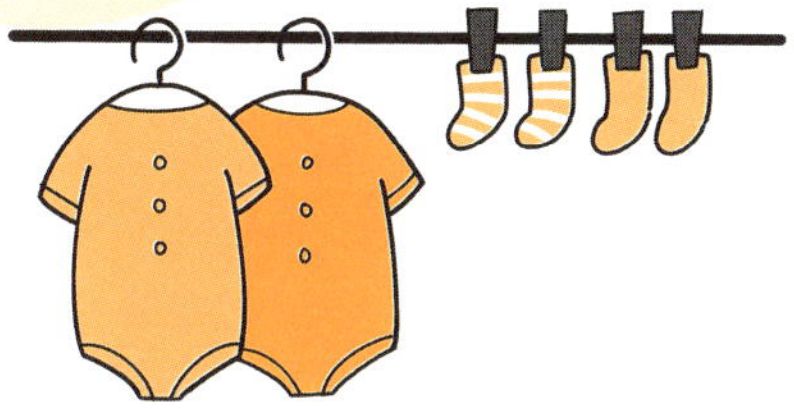

上手に手を抜いたりアウトソースを活用する

洗濯物は畳まず、ハンガーにかけたまま収納して、そのまま使う。電子レンジや電気圧力鍋、炊飯器などだけでつくる料理で済ませる。無洗米を使う。お皿もワンプレートにする。また、洗ったお皿は食器棚に戻さず、食器乾燥ラックや食洗器からそのまま直接使う、などなど。

ちょっとした「ひと手間」を減らす工夫も、積み重なると家事がとても楽になるのでおすすめです。

加えて、家事支援サービスを利用するなど、家事のアウトソーシングもおすすめです。自治体の産前産後ヘルパー事業や、シルバー人材センターやボランティアセンターなどが提供しているサービスをチェックしてみましょう。一度、直接相談してみるのもよいかもしれません。

また、生協やネットスーパーなどの宅配サービスや、食事宅配サービスなどを利用するのもおすすめです。特に買い物については、大量に使うミルクや紙おむつなどを自宅に配達してもらえると負担軽減につながります。

利用にかかる費用は必要経費と考える

これまで挙げてきた便利家電や家事のアウトソーシング、宅配の利用などには、現実的に費用がかかります。そのため、「自分が頑張れば大丈夫」と、利用をためらうご家庭もあるかもしれません。

しかし、**家事は人の手を借りてもよいのです。**自分ひとりで何でもやる必要はありません。産後の大変な時期を乗り切るための期間限定の利用です。

妊娠中から、「家族の心身の健康を守るための必要経費」として、支出できるものは何かを考え、家族で優先順位をよく話し合っておきましょう。

誕生後の生活

3カ月～1歳までの赤ちゃんたちとの生活

この時期になると授乳などにも慣れ、育児の喜びを味わうことができるようになります。

生活リズムを整え始めよう

3カ月が過ぎてもママの睡眠不足は続き、思考回路が回っていないと感じる日も多いのではないでしょうか。けれども、子どもたちも少しずつ成長しています。この時期になれば、何とか3～4時間ぐらいはまとめて眠れるようになってくると思います。

子どもがお昼寝したら一緒に寝て睡眠時間を確保する、朝起きたらカーテンを開けて太陽の光を感じる、夜は暗くして眠る、昼間はリズミカルな曲を流すなどして、**徐々に生活リズムを整えていくようにしましょう。**

とはいえ、引き続き家事は工夫して手を抜きましょう。この時期も「使えるものは、何でも使う」が、ふたご家庭の鉄則です。

この時期ならではの子どもたちの姿

3～4カ月ごろになると、首もすわってきて授乳も楽になってきます。そうすると、ふたご用の抱っこ紐に入れて抱っこしたりするのも楽になり、ママは両手を使って簡単な家事をしたり、子どもたちをあやしたりもできるようになります。

あやしているときに見られる子どもたちの微笑みは、とてもうれしいものです。その笑顔がふたりだと4倍くらいにうれしく感じられます。この時期になると、だんだん「こうしたら子どもが喜ぶ」というやり方も自然にわかってきます。

また、首がすわって自分で頭が動かせるようになった子どもたちが、お互い顔を見合わせて微笑む姿や、並べて寝かせている子どもたちが、寝入りのときにお互いの手を握ったり、お互いを確かめ合うように顔を触り合ったりする姿などに思わずウルっとしたり。

また、おんなじ寝顔や寝姿に笑っ

てしまったり、ほっこりしたり。この時期ならではの姿を楽しんでください。

見通しを持って接することが大切

とはいえ、子どもたちの成長には個人差・性差・体格差があります。「○カ月に必ず○○ができる」「○カ月に○○しなればいけない」ということはありません。

なかなかできなかったことがある日急にできるようになったり、いつの間にかできるようになっていたり。

あまり月齢などに囚われすぎず、先々の子どもたちの動きを考えながら、少し先の見通しを持って子どもたちを見守りましょう。

見通しを持ちつつ、褒めたりしながら遊びの相手ができると、より楽しく過ごせると思います。

夜泣きが始まっても ひとりで抱え込まないで

もちろん、喜びばかりではありません。この時期になると夜泣きも始まり、同時泣きや交互泣きに悩まされたりします。泣き声がひとりのときよりも4〜6倍、あるいはそれ以上に感じて落ち込んで、途方に暮れてしまうこともあるでしょう。

そうしたときは、**誰かの助けを借りて少しの時間子どもたちから離れたり、友達や先輩ママなどに話を聞いてもらったりして、リフレッシュしましょう。**

4カ月健診や予防接種などのタイミングで先輩ママにつき添ってもらい相談したり、話したりすることをおすすめします。

思い切って出かけてみる

友達や先輩ママから聞ける「子育てあるある」や「ふたごあるある」の話は、大変役に立ちます。

同じような月齢の子どもと子育て中のママたちがつどう、子育て支援センターや近くの保育園・幼稚園・こども園の開放保育、子育てひろば、多胎サークルなどに思い切って出かけてみましょう。できるだけ多くの子育ての情報を実際に見たり聞いたりして、**「私ひとりだけではない、みんな同じなんだ、一緒なんだ」と思えることは、ママにとって、とても大切なことです。**

入院中や健診などで一緒だったママと友達になる方や、多胎サークルで友達をつくる方もいます。

それぞれのを出会いをチャンスと考えて、情報交換していきましょう。そうすれば楽しいふたご育児になっていくことと思います。

離乳食のコツ

離乳食の効率を高めよう

離乳食もほかの家事などと同様に、可能な限り効率よく進めましょう。負担を減らすコツを紹介します。

まずは離乳食に慣れることが大切

離乳食の開始時期は生後5～6カ月ごろ、体重が7kg程度になってからといわれています。目安として、首がすわって安定したお座りができるようになる、よだれが多くなる、スプーンを口に入れても舌で押し出すことが少なくなる、食事をしている大人の口元をじっと見つめるようになる、などの様子が見られたら、離乳食を始めるサインです。

しかし、赤ちゃんたちの成長には個人差があり、成長によっては、きょうだいで別々に離乳食を開始することもあります。そのような個人差に戸惑ったり、また、小さく生まれたことも相まって離乳食の開始時期がわからなかったりするママやパパは少なくありません。

何か不安なことがあれば、小児科医師や保健師、栄養士に相談してみてください。

最初はうまくいかないのも当たり前。まずは「慣れる」ことが大切です。焦らず無理なく進めていきましょう。

手づくりにはこだわらないでよい

毎回離乳食を準備して食べさせるのは大変です。つくり置きをしたり、おかゆやだし汁を製氷皿で凍らせてキューブ状にしたりする方法もありますが、これは赤ちゃんたちの食べる量が少ないうちにしかできない方法です。多胎児の場合には、子どもがたくさん食べるようになると、すぐにストックが足りなくなってしまうのです。

また、手間をかけてつくっても、すべて食べてもらえるとは限らないのが育児です。「せっかくつくったのに……」とがっかりしてしまうこともあるかもしれません。

そこで活用したいのが、市販のベビーフード。調理済みのため手間がかからないだけでなく、月齢に適した固さや味の参考にできたり、はじめての食材にも気軽に挑戦できたりと、よい点がたくさんあります。**「すべて手づくりしなくちゃ」と頑張らなくても大丈夫です。**

大人の料理からとり分けてつくる

離乳食を手づくりする際も、効率よい調理を心がけましょう。おすすめは、大人用の調理をする際に、ついでに離乳食もつくってしまう方法です。

例えば、野菜の煮物やシチュー、煮魚などをつくる際に、味つけ前に少しとり分けて、潰しながら煮るなどの方法があります。

ほかにも、お米を炊く際に炊飯器の真ん中にお茶碗を置いて、水を少し多く入れた状態にしておくと、お茶碗の中だけがおかゆになるという裏技などもあります。

同じ食材をアレンジして進み方の違いに対応する

離乳食の進み具合は、赤ちゃんそれぞれに個性があるため差が生じることもあります。食の進みに差が出ると、それぞれの段階に合わせた調理が必要という問題が生じます。

こうした場合も、可能な限り効率的に調理をしましょう。

例えば、同じ食材を使っていても、最終的な形状を変えてあげれば、新たに調理せずとも、それぞれの食の進みに合わせた離乳食を用意してあげることが可能です。市販の離乳食などと組み合わせながら、無理のない方法を見つけていきましょう。

食器はそれぞれのものを使う

離乳食を与える際には、可能な限り子どもたちのお皿やコップ、スプーンなど別々に用意するようにしましょう。そうすることで感染症対策になるほか、それぞれの食事量や食の好みを把握することもできます。

準備を工夫して片づけを楽に

9カ月ごろには手づかみで食べることへ進んでいきます。**手づかみ食べは、食べ物に興味を示し自ら食べるという能動的な行動が出てきたという成長の過程**なので、なるべく自由にやらせてあげたいものです。

周りや床が汚れて片づけが大変になりますが、そんなときは、足元にあらかじめ新聞紙やレジャーシートを敷いておくと、片づけが楽になります。また、離乳食を食べさせる際は、赤ちゃんたちをバウンサーやハイローチェアに座らせ、並んで食べさせると負担が軽減できます。

事故予防

お風呂での事故を防ぐために

お風呂も沐浴同様に、安全に行うことが大切です。ポイントを確認しましょう。

沐浴から入浴への切り替え

沐浴（74ページ参照）から入浴へ切り替えるタイミングは、子どもの人数や協力者の有無、子どもの成長発達の状況などから判断しましょう。また、沐浴中に子どもがベビーバスの中で立ち上がったり、バスチェアから抜け出したりする行動が見られるようになったら、転倒などの危険があるため、入浴に切り替えましょう。

なお、子どもをお風呂に入れる際には清潔なお湯に入れるよう、いちばん風呂を利用するようにしましょう。

お風呂はパパの出番

ふたごのお風呂はママにとって、体力的にしんどい作業です。ママひとりで無理せず、お風呂はパパや家族に協力してもらいましょう。例えば、大人ひとりが浴室で対応し、ひとりは浴室の外で着替えを担当するなど役割分担をしましょう。

大人ひとりが子どもひとりと一緒にお風呂へ入るためには、子どもが支えなしにひとりで座っていられるようになっている必要があります。目安は生後9カ月以降です。子どもをひとりで座らせておくことが心配な場合は、浴室内でバスチェアなどを利用すると、より安心でしょう。

大人ひとりがふたりの子どもと一緒に入浴するのは、子どもがひとりで歩けるようになる時期まで待ちましょう。目安は1歳3カ月以降です。このころになれば、子どもたちと一緒にお風呂を楽しむ余裕ができ、きっとその笑顔に癒されるはずです。

入浴中は転倒事故に要注意

子どもは頭が大きく、重心が大人

よりも高い位置にあるため、大人より転落や転倒のリスクが高くなっています。入浴中は、子どもが浴槽に転落したり、溺れたりすることがないよう、注意を欠かさないようにしましょう。

大人がひとりでふたりの子どもを入浴させる場合は、浴槽に子どもをひとりで入れておくようなことはせず、洗い場の滑り止めのあるマットやバスチェアなどに座らせ、子どもから目を離さないように十分に注意してください。また、子どもをバスチェアに座らせたまま、浴槽に入れることは危険です。絶対にやめましょう。

家族ごとのお風呂を見つけていこう

ふたごに兄や姉がいる家庭では、ママと上の子がゆっくりとお風呂に入り、ふたりきりになる時間を確保することも大切なことです。また、ママがひとりでゆっくりとお風呂に入る時間を確保するのもパパの役割です。

子どもに必要なお風呂ですが、その負担は大きく、慣れるまではつらく感じてしまうことがあります。つらいときはお風呂を休み、子どもの体を拭いたり、お尻だけ洗ったりといった対応をしましょう。少しずつ、子どもにとって安全で、家族にとっても負担が少ないお風呂の方法を見つけていってください。

先輩ママ・パパの声

うちのふたごの場合

帰省先

自宅以外のお風呂

帰省先の風呂は、いつもと勝手が違うので、入浴前にどこにどのような危険があるのか、子どもにわかるように説明してから入浴しました。

温泉

公衆浴場での入浴

歩ける子どもでも、深さの異なる複数の浴槽や床面から泡が発生する浴槽などがある公衆浴場や温泉は、危険がいっぱい。子どもがプカプカ浮かんだときは肝を冷やしました。

無理しない

お風呂を休むのも手

自分の体調が悪いときや冬場などは、無理せずお風呂を休み、子どもの体を拭くだけにしました。

予防接種

予防接種のポイントと注意点

日程の調整や当日の対応など、ふたごやみつごならではのポイントを把握しておきましょう。

予防接種を受ける意義

赤ちゃんはママのおなかにいるときに、胎盤を通じてママから感染症予防のための免疫をもらって、生まれてきます。例えばママが麻疹の免疫を十分に持っていた場合、ママから生まれた赤ちゃんは、出産直後はかなりの量の麻疹の免疫をもらって生まれてくるため、周囲で麻疹が流行していても麻疹にかかりにくい体になっています。

ただし、ママからもらった免疫は少しずつ減っていくため、結局は赤ちゃんが自分で免疫をつくりださなくてはなりません。そのためのサポートのひとつが予防接種です。

ママからもらう免疫の量は、妊娠期間に比例しています。そのため**早産児は、ママからもらった免疫が少なくなっており、特に感染症には注意をしなくてはなりません**。多胎児には早産が多いため、予防接種がより重要になるのです。

予防接種のタイミング

予防接種は、小さく生まれても予定日より早く生まれても、**出生日から数えて早いものでは生後2カ月から接種可能です。**

mini コラム

妊娠中から予防接種について知る

生後2カ月のワクチンデビューに間に合うよう、保護者は生後1カ月ごろまでには予防接種の必要性や適切な接種時期などを理解している必要があります。赤ちゃんが生まれると時間がなくなるので、妊娠中にしっかりと予防接種スケジュールを理解しておきましょう。

予防接種は自治体が実施し、スケジュールや実施医療機関、実施会場、受診券、予診票などを取り決めます。個別接種でかかりつけの小児科で受けます。

接種当日はつき添いが不可欠

ふたごの育児での困難なことの首位に、予防接種が挙げられます。

予防接種を受けるには、複数の受診券や母子健康手帳、予診票などの準備が必要です。そして当日は検温や診察の対応のほか、接種時に体位を支えたり、接種前後に衣服を整えたり、疼痛で泣く子どもをあやしたり、接種後に会場で待機したりと、保護者側で対応しなければならないことが少なくありません。

そのため、主治医や看護スタッフの理解と協力があれば別ですが、**ママひとりで子どもふたりの接種を行うのは、現実はかなりむずかしいです。**パパや家族、産後ヘルパーなどのつき添いが不可欠だといえるでしょう。予防接種の同行支援をしている自治体もあります。お住まいの自治体で実施しているか調べてみましょう。

スケジュールを確認しておく

接種は、同時接種が多く、同じ日に両腕や、腕と足など数回接種をします。なお接種の種類には注射、経口、スタンプがあります。

ふたごの場合、同じ日に接種したいため、子どもたちの体調が整わないなどの理由から、接種日のスケジュールが立ちにくいこともあります。

そのため、**接種できる小児科などの情報を妊娠中に確認しておくことをおすすめします。**出産後に保健師・助産師の家庭訪問を受けた際に、予防接種のスケジュールや、小児科医院、接種時の人手やサポートについて聞いておきましょう。

また、赤ちゃんが早産児や低出生体重児で生まれ、出生時の病院で経過を見てもらっており、その病院で予防接種を受けたい場合や、病院が他府県や他市の場合などは、必要な手続きについて確認しておきましょう。

予防接種後は普段通りの生活でよいですが、外出ついでの長時間の買い物や公園遊びなどは避けましょう。

子どもと外出

子どもたちを連れた外出は無理なく進めよう

最初のことは負担や不安が大きい、子どもたちを連れた外出。まずはできるところから、無理なく進めましょう。

最初は不安で当たり前

ひとりではじめてふたごを連れて外出する際、「ベビーカーはひとりで広げられるのかな、畳められるのかな」「ふたり同時に泣いたりしないかな」「あんなに重たいベビーカーを私ひとりで持ち上げられるのだろうか」など、「どうしたらいいんだろう」という思いが溢れかえり、押し寄せ、ときには押しつぶされそうな気持ちにもなってしまうかもしれません。

最初から遠いところへ出かけるのではなく、**まずは近所を一周するところから始めてみましょう。**

近所の一周さえにも不安な気持ちになること、よくわかります。もし、誰かと一緒にできるのであれば、最初は一緒にゆっくり一周してみましょう。いつも同じコースでも、いつも短いコースでも、大丈夫です。

気分がよくない、気分が乗らない日は無理やり出かける必要はありません。雨の日も散歩しなければならないルールなんてないのです。〝散歩ですら出かけられない私はダメな私〟ではありません。

また、外出は、あたかも乳幼児期の毎日の育児の一環として組み込ま

mini コラム

どんな気分転換も最優先に！

ママやパパたちの笑顔を見ることが、子どもたちの成長にいちばんのよい影響を与えます。無理にお出かけしなくても、失敗したとしても、どこにも行けなくても、笑い飛ばしていいのです。外出は行けるときでいいのです。子どもたちにたくさんの笑顔を見せてあげましょう！

れているように考えがちですが、必ずしも毎日行わなくてはならないものではありません。

あなたや子どもたちの気分転換やワクワクが外の世界にあるのならば、外出を育児の選択肢のひとつとして取り入れられたらよいのだという程度に考えましょう。

自分の時間を持つことも忘れずに

一方、ときにはママひとりの外出時間も確保してください。近所のコンビニでもよいです。ちょっと足りないものを買いに行くようなスーパーへの買い物でも構いません。

そうした「ママ、ひとりで出かけてきても大丈夫だよ」という時間をつくるには、あらかじめ、妊娠期からパートナーや家族を含めた育児の手を確保できるように準備しておく必要があります。

出かけられるチャンスを活かすためにも、子どもたちの育児や見守りを「できる」人や、近所のつながり、地域の手を確保しておくということが大事です。

出かけたい気持ちを大切にする

出かけるのが大変であっても子どもたちを連れて出かけてみたいという気持ちがあるときは、その気持ちも大事にしてください。

外出先で子どもたちがふたりとも泣いてしまって大変な思いをした、というエピソードも、いつの日か必ず笑い話になります。そんなときは頑張って出かけた自分を褒めてください。そして、また、行きたくなったら行けばいいのです。

また、ときにはひとりで頑張るだけでなく、人の手を借りて出かけることも考えましょう。ファミリーサポートや産前産後サポート事業などには、外出における同行支援がある場合があります。お住まいの地域の支援を確認してみましょう。

ひとりで頑張ることも、人にお願いすることも、どちらも勇気のいることです。あなたにとって、できそうなほうから選んでみてはいかがでしょうか。

ママの健康

子どもたちが1歳になるまでのママの体と心

ふたごの出産による身体への負担は、この時期になってもまだまだ回復しません。経験者の声などを聞き、少しずつ身体と心を整えてきましょう。

ママの体はまだ回復していない

このころはまだ、ママの体は十分に回復していません。疲労と睡眠不足で腰痛や肩こりなどに悩まされながら、一日中授乳や離乳食、おむつ交換、入浴の世話、泣きへの対応などに追われている時期です。

外出もままならずパパが帰るまで大人と話す機会もありません。子どもたちの泣き声に悲しくなり、気分が落ち込むことも多いでしょう。

反面、子どもたちの笑い声と笑顔、かわいい仕草に救われることもあるはず。パパや周りの方々の協力、支援サービスなどを活用し、ときどきはぐっすり眠れるような状態をつくっていきましょう。

ほかの家庭と比較してしまう

この時期に外に出る機会をつくってみると、「ほかのママは余裕を持って育児をしている」「せっかく外出しても私はふたりのお世話ばかりで、ほかのママとも話せない」など、単胎児の育児と自分の余裕のない育児を比較して落ち込み、孤立感に苛まれ、物事を悪く考えてしまうことがあります。

また、いつになったら楽になるのだろうと、不安を感じることもあります。

そうしたときは多胎サークルなどで、同じくふたごの育児をしているママたちと気持ちをわかち合うなどしてみてください。**同じような経験を語り合うことで元気になれることもあるはずです。**

いろいろやってみても気が晴れなかったり、眠れなかったり、体調がすぐれない場合は、かかりつけ医師や保健センターの保健師・助産師に相談し、専門医に診てもらいましょう。

共感し合う機会を得よう

この時期について、ふたご育児経験者にアンケートを行ったところ、「育児の助けになったことは何か」という質問に対して「ふたごのかわいさ」に続き、「祖父母・父など家族の協力」「周囲の人たちからの温かい声かけ」「産前産後サポート」などの回答が並びました。

多胎は育児社会において少数派であるため孤立しやすく、育児情報も得にくくなっています。日々の育児の中で、自尊感情が損なわれ、周りの言葉に敏感になってしまうこともあるのではないでしょうか。

しかし、今はまだ大変ですが、いつまでも大変な日が続くわけではありません。「ふたご育児の後輩に伝えたいことは何か」という質問には、「子どもが成長するとともに楽になります」「多胎ママとつながって共感しましょう」「支援サービスや周りの人や家族に頼ることが大切です」などの声が挙がっています。

ふたご育児の先輩ママたちや同年代のママたちから育児情報を得たり、共感し合う機会を得たりして、自分だけの悩みや心配ではなかったと、安心につながる話をしてほしいです。

また、支援サービスは特別な人だけのためのものではなく、すべての人に必要なものです。遠慮なく利用しましょう。

先輩ママ・パパの声

うちのふたごの場合

励まし

保健師さんの言葉に

私の体調が戻らず、メンタル面でも落ち込んでいたとき、「もっと気楽に育児をすればいい、理想を求める必要はない」という保健師さんの言葉を聞いて、ホッとしました。

分担

睡眠の工夫

夜間の授乳の時間を夫と分担しました。夫は夜中2時までの授乳、私はその後朝までの授乳を行い、眠る時間を分けたことで、お互いに睡眠時間を確保することができました。

閉塞感

誰かと話そう

ひとりでずっとふたりを見ている毎日が続くと、閉塞感で苦しくなり、小学校1年生の姪っ子でも、誰かが家にきてくれて話ができる人がいる、ひとりじゃないと感じられ、うれしかったです。

親子の関係

親子関係の中で大切にしたいこと

子どもたちが「ふたごでよかった」と思えるようになるために必要なことは何でしょうか？

忙しい中で何に気を配る？

　病院から退院してくると、ひたすら子どもたちの泣き声に追われながら、授乳・おむつ交換・沐浴・洗濯・食事の準備・掃除・子どもとのスキンシップと、自分のことは二の次にして毎日が過ぎていきます。

　そうした中で、子どもたちひとりひとりが「ママは私を大切に育ててくれた」「愛してくれた」「平等に扱ってくれた」と感じながら成長し、「ふたごでよかった」「みつごでよかった」という想いのもと、お互いに信頼し仲のよい子たちに成長できるようにするためには、どんなことに気を配ったらよいのでしょうか。

「かわいい」と思えない瞬間もある

「忙しいからそんなことは考えられない」「無理よ」という声が聞こえてきそうです。

　ふたごの子育てはママ対子が1：1の子育てとは違い、ママ対2（ないしは3）の複雑な関係になります。例えば、「ひとりの子はいつも泣いてばかり。もうひとりは手がかからなくて、泣いている子をママが再々抱き上げあやしていてもおとなしくしている」、「ひとりの子はミルクをあまり上手に飲めないし、よく吐き戻しをする。もうひとりの子は上手にミルクを飲み、ゲップも上手にできる」、「睡眠不足や疲労がたまっているときなどは、多忙な毎日から抜け出したい。ひとりの子育てだったらどんなによかっただろうと思って悲観的になってしまう」、「子育ての中で相性のよい子とあまりよくない子がいるなと感じることがときどきある」……こういったことを考えることもあるでしょう。

　このような中で、**多くのママたちが、ふたごとの間の親子関係に悩みを抱えています。**

あまりの余裕のなさに、自分の子どもなのに、かわいいと思えない瞬間があったり、「大好きなんだけれど、大嫌い」という両極端な感情に揺れたり、その揺れ自体に疲れてしまったり。

しかし、その気持ちの多くが一時的なものです。

心の余裕が生まれれば、子どもたちをかわいいと思えるようになりますし、再度育児に挑戦しようという気力も湧いてきます。

ここまで述べてきた通り、**育児が苦しい・つらいと感じるときは、ひとりで抱え込まず周囲の人に助けを求める勇気を持つようにしましょう。**

それぞれとの1対1の時間をつくる

その上で、**ひとりひとりの子どもと1対1で向き合う時間を、1日のうち短時間でもつくることが大切です。**

子どもを両手で抱いて「かわいいいね、ママ〇〇ちゃんが大好きよ」といってみてください。きっと輝いた瞳でママを見つめ、満面の笑みをママに返してくれるでしょう。

もちろん、子どもの興味や好きな活動に乗るような形で家の中で1対1で遊んだり、一緒に家の周りを散歩したり、お風呂に入ったり、買い物にひとりだけを連れて行ったりするのも、ひとりひとりと向き合う大切な時間です。

そういった時間や心の余裕を意識的につくるためにも、何らかの支援の利用を検討してみてください。

親子関係が少しずつスムーズにいけば、ママの精神的・肉体的負担感も軽減し、まだまだ大変な、ふたごの子育ての中にも、小さな喜びを見出していけると思います。

見分けと工夫

〝子どもたちを見分ける〟ということ

そっくりな子どもたちを、先輩ママやパパはどのようにして見分けられるようになったのでしょう？

親なら子どもの区別はつく？

瓜ふたつにそっくりであることは、一卵性多胎児の特徴のひとつです（12ページ参照）。

一卵性の子どもたちは本当にそっくりです。周囲はなかなか見分けることができません。そのため、「ふたごのママは子どもを間違えないんですか？」という質問は、多胎の世界では定番になっています。

基本的には、親が一卵性の子どもたちを間違えることはまずありません。**何となく違いがわかって、自然に見分けがつきます。**いちいち特徴を確認して見分けているわけではありません。一緒に過ごす時間が長くなるにつれ、ぱっと見では判別できない微細な違い（例えば顔の非対称の程度や頭の輪郭、凹凸による表情の陰影のつき方、皮膚下の血管パターンの相違など）を無意識に認識できるようになり、まったく違う人物に見えるようになるのです。

ふたごの友達も、はじめのころは声が違うなどの特徴で見分けていますが、早い時期に「何となく」で見分けがつくようになります。

ただし、どんなときでも間違えないかというと、ちょっと話が違います。誰かに話しかけるとき、いつも顔を確認してから声をかけるわけではありません。それは子どもに対しても同じで、「階段から降りてくるのは〇〇ちゃんのはず」「お風呂に入っているのは△△ちゃんのはず」といった思い込みは自然に発生します。結果として、勘違いによる間違いも生じます。

見分けに慣れるまでの生活の工夫

ふたごが生まれたばかりのころは、「取り違えたらどうしよう？」と、誰しも心配します。かなり昔の話ですが、沐浴時に家族（ふたごの姉）が目印のリボンを無造作に取ってしまい、どちらがどちらかわからなくなってしまったという事例（Caulfield brothers）もあります。

多くのふたご家庭では、見分けに慣れるまで、病院が新生児の足首につけるネームバンドを自宅に戻っても誤認防止用につけたままにしています。検診のときなどに「あれ？まだつけているんですか？」とポソッといわれ、何となく落ち込んでしまうことは、ふたご家庭のあるある話です。ただ、足環などの「目印」をつけることは、親の見分け能力の欠如を示すものではありません。日常で不安なく手軽に見分ける手段のひとつです。人の目を気にして無理に外す必要はありません。

見分けとパーソナルカラー

多胎の子どもたちはパーソナルカラーの服や小物を目印的に身に着けていることが多いです。

この色分けは、子どもたちの持ち物を区別する際にも便利ですし、周囲に混乱を招かずに済みます。

ただしパーソナルカラーが目立たない、例えば冬のコート着用時や夏の水遊びの際は、見分けに慣れていない周囲が戸惑うこともあります。

写真は後々の見分け用に目印を入れて撮るとよい

ふたごやみつごの写真は、時間が経つと誰が誰だかわからなくなることもあります。特に新生児期に子どもひとりが写っている写真は要注意です。親も見分けに慣れていないため、数日後にはわからなくなっていることもあります。

後々の見分け用に、子どもの横にネームカードを置いて写真を撮る、あるいは目立たないように親が指を立て、1本のときはAちゃん、2本のときはBちゃんというように目印を入れて対処する、などの方法がよく使われます。

ママとパパの見分けの違い

よい悪いは別として、ママとパパでは子どもと一緒に過ごす時間が絶対的に違います。したがって、ママの見分け能力はパパより圧倒的に高くなります。

見分けに習熟していないパパが「この子ってどっち？」とママに聞くことはしばしばあります。ママにしてみれば腹立たしいことかも知れませんが、子どもを間違えるより、ずっといいことです。

一卵性の子がそっくりであることは、科学的にもお墨つきの事実。簡単に見分けがつくほうが、むしろ特別なのです。

パパから「どっち？」と聞かれてもイライラするのではなく、見分けをできる特別さと優越感を楽しみましょう。

Column 3

多様な家族のあり方

子どもにとっての最善を考える

現代は「ダイバーシティ」といわれるように、「多様性」を重んじる時代となりました。多様な価値観をお互いに認め合い、尊重していくということは、マジョリティ（社会的多数）と、マイノリティ（社会的少数）が混じり合うことです。

しかし、時代が変わり始めたとはいえ、「マジョリティが正常であって、マイノリティが異常である」という考えのもと、まだまだそのズレを受け入れてもらえない可能性があるのは否めません。したがって、マイノリティ側にあるふたごを育児する者にとっては、ときとして困難が多重に重なって見えることもあるでしょう。

そんなときに大切なことは、「子どもの最善の利益」を優先することによって、マジョリティに無理に合わせるのではなく、多様な家族の幸せの方向、「あなたの」家族の幸せの方向を見定めることです。

幸せは十人十色

とはいえ実際には、世間の目が気になったり、コミュニティへの参加にむずかしさを覚えたり、他人へ迷惑がかかるのではないかと不安になってしまったり……と、過酷な状況が重なり、気持ちや行動が閉鎖的になってしまうことがあるかもしれません。

もしそのように「あなたにとっての普通の暮らし」が脅かされているのであれば公的機関、相談機関等へ現状を話すことも考えてみましょう。

ふたご以外にも、血縁にこだわる日本的な風潮や、ジェンダー意識の違い、言語の壁など、世の中には少数派に困難をもたらすさまざまな要素が存在しています。しかし、そうしたマイノリティ性を抱える家族であっても、家族の形の数だけ、幸せの形も多様にあるのだということを忘れずに、あなたが、あなたの家族に自信を持って幸せに暮らせますように。

4
章

3歳までの生活と注意点

このころになると少しずつ生活のリズムが整い始め、
ふたごたちとの暮らしにも楽しみが増えてくるはずです。
とはいえ、この時期ならではの困難や困りごとも少なくありません。
ポイントを押さえて、充実した子育てを楽しみましょう！

生活リズム

1～3歳までの子どもたちとの生活

この時期になると、子どもの成長に伴い、親の生活リズムも整い始めるようになります。

生活リズムがつくりやすくなる

子どもたちは1歳ごろになると、歩行と散策活動によって生活する世界が広がり、友達の真似をしたり、一緒に遊んだり、共感し合ったりするようになります。そのため、ふたごが一緒に遊ぶかわいい姿や、ふたご同士が阿吽の呼吸で遊ぶ姿が多く見られるようになるのもこのころからです。ふたごコーデを楽しんだりもできるようになるでしょう。

保育園などに入園すれば、もっと遊びや生活の幅が広がることもあります。食事が3回食となり、体力がついてくると、お昼寝も午前・午後の2回から午後の1回だけに。**だんだんと、1日の生活リズムをつくりやすくなっていくでしょう。**

2～3歳ごろに見られる変化

2歳ごろになると、自己主張が強く、個人差もいぜん大きいですが、自分で何かができることを喜ぶようになり、生活の見通しを持ったり、自分からトイレで排尿を済ませようとしたりする様子も見られるようになります。

なお、1歳前後～2歳ごろには、ふたごがお互いを嚙み合う場面が見られることがあります。しかしこれは、ただ目の前にきた手や指、体がじゃまで、口が開いてしまっただけのことが少なくありません。言葉がいえるようになれば自然となくなるため、心配のしすぎは不要です。「どいて」「代わって」など言葉がいえるようになるまでは、**大人が間に入って「嚙むことは相手が痛いこと」を伝えていきましょう。**

3歳になるころには、社会性が身につき始め、「友達と」「先生と」といった関係を結べるようになり、他者との世界が広がってきます。

ママの育児と仕事との両立

子どもたちの生活リズムができてくると、ママも生活が整い、動きやすくなります。そして、仕事との両立も考えられるようになってきます。

仕事との両立を考えているママは、子どもたちを園開放・子育てひろばなどに連れ出して外の生活に慣らしたり、ママ友達をつくったりして、保育園などへの入園について情報を得るようにしましょう。

多胎児の場合は特に、仕事との両立のためのシミュレーションを何度もすることをおすすめします。そのためにも、活用できる制度（一時預かりなど）を利用したり、「慣らし保育」の期間を長めにとったりするとよいでしょう。

外出の際のアクシデントに注意

この時期になると、外出に伴うアクシデントも多くなります。時間に余裕を持つことや、安全に遊べる場所（道路に飛び出す危険の少ない場所や駐車しやすい場所など）を選ぶことなどが大切です。引き続き、出かけるときは誰かの手を大いに借りるようにしましょう。

また、**この時期に大変なこととして「いやいや期」への対応があります。**ただささえイライラする「いやいや期」。ふたり、3人を一度に相手にすることは非常に骨が折れます。収拾がつかなくなるので、決めたルールを変えない・守るといった毅然とした態度をとることが大事です。まずは子どもの気持ちを代弁し、「こういうことだね」と聞いて、共感して子どもの気持ちを落ち着かせましょう。その上でママの気持ちを「こうしてもらえるとうれしい」という言い方で伝え、選択技を提案して子どもに選ばせるとよいでしょう。

保育園などに入園しない場合の例

6:30〜8:00	起床・朝食・着替えなど
8:30〜9:30	遊びの時間（その間に家事など）
9:30〜10:30	お散歩や園開放など
11:00〜12:00	昼食
12:15〜13:00	遊びの時間（その間に家事など）
13:00〜14:30	お昼寝（その間に家事など）
14:30〜15:00	おやつ
15:15〜16:30	買い物やお散歩など
16:30〜18:00	遊びの時間、夕食の準備
18:00〜19:45	夕食・お風呂
20:30	就寝（歯磨き、寝かしつけ）

保育園などに入園した場合の例（3歳未満児）

6:30〜 8:00	起床・朝食・着替えなど
8:00〜 8:15	登園準備
8:30	登園
8:30〜11:00	午前のおやつと遊びの時間（主活動）
11:00〜11:30	給食
12:00〜14:30	お昼寝
15:00〜15:15	おやつ
15:15〜17:00	遊びの時間（降園の準備、遊びなど）
17:15	帰宅
18:00〜19:30	夕食・お風呂
20:30	就寝（歯磨き、寝かしつけ）

ほかの体験談も公開中！※

※ダウンロードには、SHOEISHA iD（翔泳社が運営する無料の会員制度）への登録が必要です。詳細は176ページをご覧ください

子どもの成長

子どもたちの発育発達と多胎ならではの困難

はじめは単胎児との差があった発育にも、この時期になると変化が見られ始めます。ただ、ふたごやみつご特有の不安や悩みもあるでしょう。

体が単胎児に追いつき始める

ふたごは単胎児に比べて、在胎週数が短く出生体重が小さく生まれることが多くなっています。しかしその分、乳児期の発育が目覚ましく、1歳以降で単胎児に追いつき、**身長に関しては3～6歳のころにほぼ単胎児との差がなくなっていきます。**体重に関しては4歳以降に少しずつ差が出てきますが、成長曲線のカーブは単胎と同じように順調な発育が見られています。

　また、ふたごは運動発達において、単胎児と比較して開始が遅れる傾向にあるといわれています。例えば、つかまり立ちやひとり歩きは、ふたごは1～2カ月程度ゆっくりとなります。しかし、これも最終的には差が消失します。

ふたご同士の発達差

　ふたごの場合、ふたご同士の発達に差が出て心配になってしまうことがありますが、例えば運動発達でいえば、開始月齢に1～2カ月の差が見られることは珍しくありません。**発達の差はふたりの個性なのだと考えましょう。**

　言葉の発達についても同様です。一般的に、ふたごは単胎児に比較して言葉の開始時期が遅れるといわれます（これは、ふたご同士で言葉を介さず遊べるからという説もあります）。しかしこれも、長期的に見ると単胎児との差はなくなります。

　なお、ふたご同士の場合、二卵性では発達の数カ月の差はごく普通に生じるものです。異性のペアの場合は、さらに差が大きくなる傾向があります。

　もし発育、発達が気になる場合は、かかりつけの小児科医、担当の保健師や、健診などで相談しましょう。

　発達相談や教室を勧められたとき

は、「子どもが遊べる場所やママ・パパの相談場所が増えた」と考えられたらいかがでしょうか。

引き続き困難度は高い

下のグラフは、育児に対して感じる困難の度合いを、幼児健康度調査とふたごの親に限った調査で比較したものです。子どもの年齢が上がるごとに「はい」の解答率における差は縮まっていきますが、いずれの年齢においても、ふたごの子育ては困難度が高いことがわかります。

1〜3歳は、子どもの運動発達に伴う活動範囲がさらに広がり、リスクへの対応や屋外での目配りがむずかしくなる時期です。

また、例えば「いやいや期」や、子ども同士の喧嘩、同時泣き、平等にしたいけどできないジレンマや、他者からの（ふたご同士の）比較など、ふたご育児ならではの負担感が多くなってきます。

幼児身体発育曲線（1〜6歳）

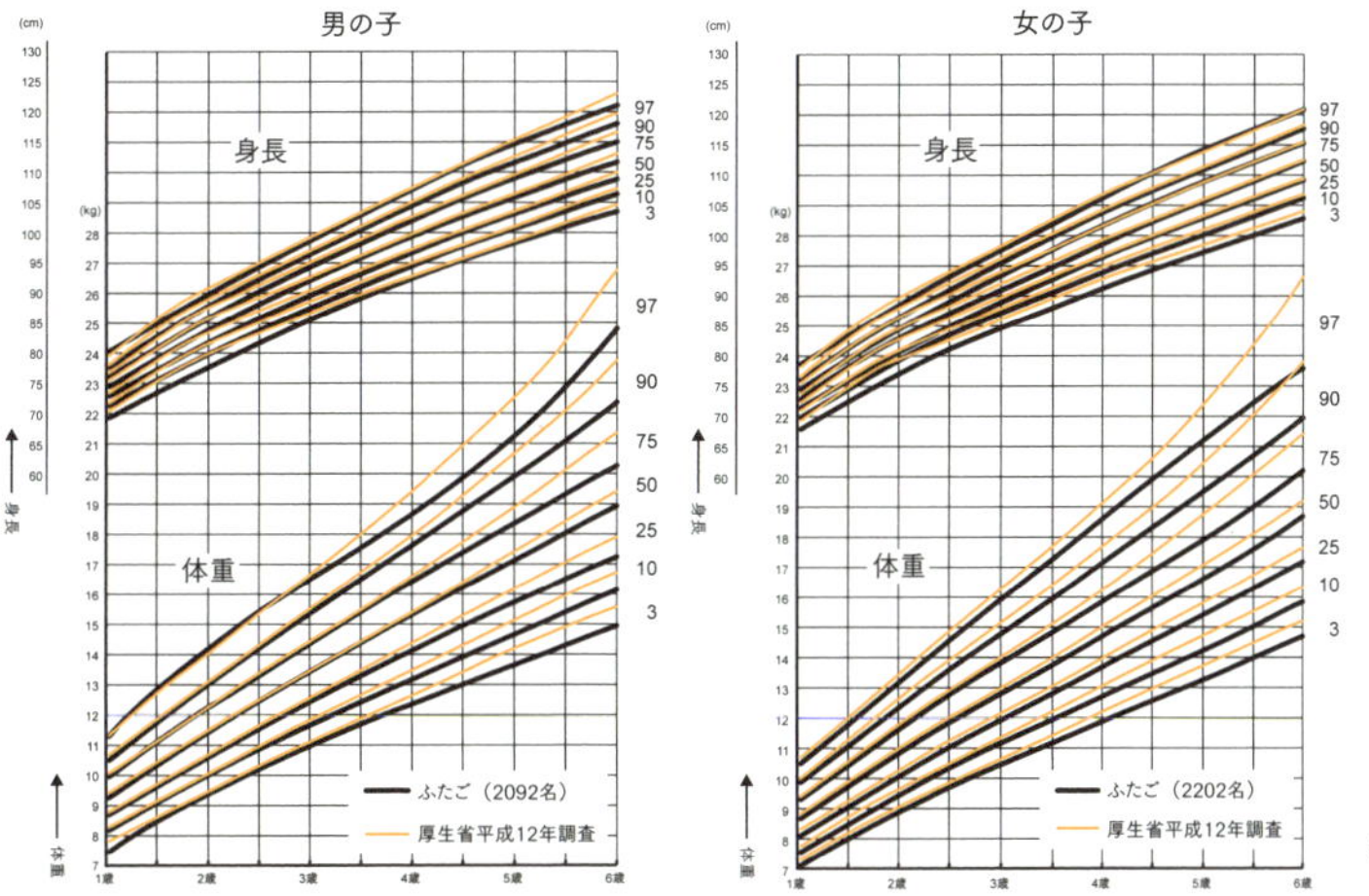

※グラフ右側の3〜97はパーセンタイル値

Q. 育児に困難を感じることがありますか？

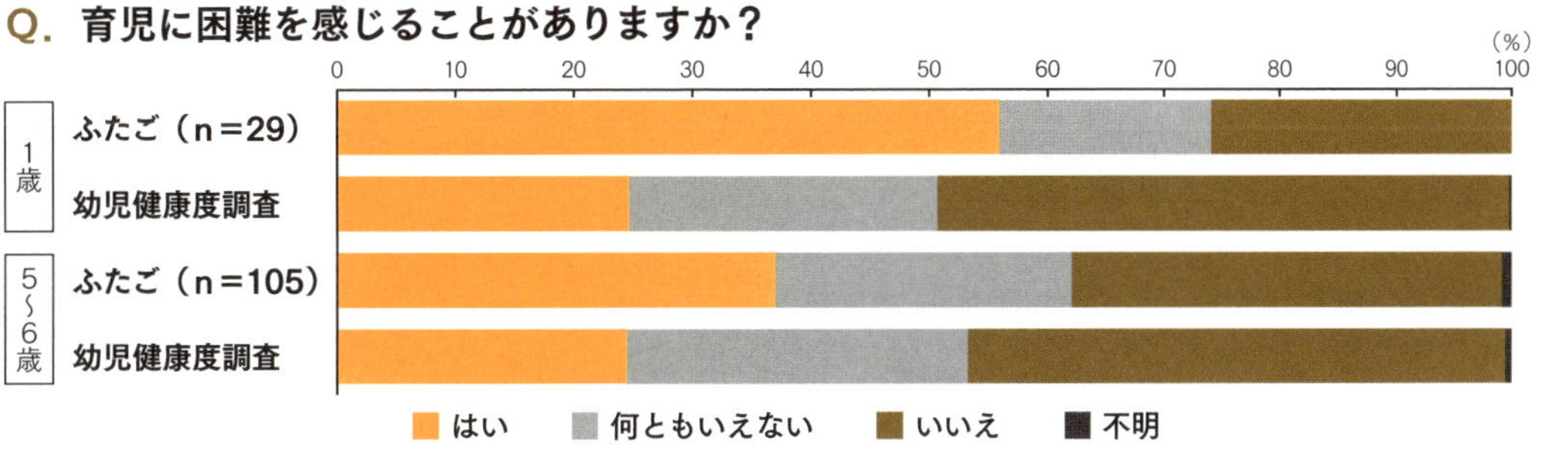

出所：ふたご／大木秀一「多胎児家庭の育児に関するアンケート調査分析報告書」（2013年）より一部抜粋
幼児健康度調査／公益社団法人日本小児保健協会「平成22年度幼児健康度調査報告」より一部抜粋

トイレの開始

トイレトレーニングは慌てずに進めよう

どちらかだけができるようになったり、できていた子ができなくなったり。でも、慌てる必要はありません！

「余裕のある機会」に挑戦する

トイレトレーニングをいつから始めるのか、どのように進めるのかといった情報はたくさんあるので、ここでは特に毎日の家事、育児で手一杯のふたご・みつご家庭が、いかに楽に、ストレスなくトレーニングができるかのポイントを紹介していきます。

まず、親に余裕がないときには、つい子どもを急かしたり叱ったりしてしまいがちです。そんなときにトイレでの排泄を促しても、親子双方にとってトイレがつらい場所になり、悪循環に陥ってしまいます。

おむつ外れは、「排泄はトイレでするもの」と知ることから始まります。まずは「余裕があるな」と思えたり、「やってみようかな」と思えたりしたときに、トイレに座らせてみるところから始めましょう。

うまくできたときにはうんと褒めてあげてくださいね。できなかったら、適当に切り上げて、また次の「余裕のある機会」に試してみましょう。

「ふたご（みつご）なんだから、余裕なんてまったくありません！」という方もご心配なく。「トイレトレーニングをしないまま入園したけれど、集団生活の中で自然と覚えてきた」という家庭も実は少なくありません。

そして、うまくできていたはずなのに、ある日できなくなるなど、行ったりきたりするのも珍しくありません。また、ひとりはあっさりできたのに、もうひとりは全然できない、というのも〝ふたごあるある〟です。

子どもたちを比較せず、叱らないでゆっくり取り組みましょう。

順調に成長していれば、おむつを卒業する時期は必ずきます。焦ったり落ち込んだりする必要はまったくありません。

トレーニングは「ひとりずつ」

トイレトレーニングをふたり（または3人）同時に始めると、トイレやおまるを取り合ったり、ひとりを排泄させている間に別の子が漏らしてしまったりと収拾がつかず、親のほうが泣きたくなってしまいます。トレーニングはひとりずつ取り組むようにしましょう。

おむつ外れの時期は、心身の成長段階に大きく関係します。例え一卵性のふたご・みつごであっても、成長速度がまったく同じというわけではありません。

子どもたちにはそれぞれの成長があります。おむつ外れの時期がずれることも珍しくありません。むしろ時期がずれたほうが、ひとりずつ対応できるので親の負担が軽くなると考えて、ひとりひとりのおむつ外れの時期がくるのを待ちましょう。

とはいえ、ひとりにトレーニングしていたら、もうひとりも参入してくるというのも、ふたご家庭にはよくあることです。そんなときには、子どもの「してみたい」という気持ちを尊重し、もうひとりにもさせてみましょう。親の予想に反して、できるようになったりすることもあるでしょうし、ひとりがうまくいけば、次の子も真似をして完了が早まることが期待できます。

なお、ひとりをトイレに座らせているときには、もうひとり（みつごならばもうふたり）は目の届くところに置いたり、安全な場所に居させたりするように気をつけましょう。

「トレーニングパンツ」には要注意

トイレトレーニングのための「トレーニングパンツ」という、魅力的な響きの育児グッズがあります。ですが、特に布製のトレーニングパンツはよく漏れます。「濡れると気持ちが悪い」と思わせるためのものなのですから当然です。しかしそうなると、衣類やラグなどの洗濯量や床などの拭き掃除の回数が増えて、特にふたご家庭での負担はとても大きくなるのでおすすめしません。

そこで、**トイレトレーニング中でも、基本的にパンツ型の紙おむつをはかせることをおすすめします。**トイレできちんと排泄できるようになってからおむつを卒業し、いきなり「パンツデビュー」するのです。そのほうが、親子ともに負担が少なく、親の気持ちに余裕が持てるように思います。

「そろそろおむつを卒業かな」という時期に、「憧れのお兄ちゃん（お姉ちゃん）パンツ」を一緒に買いに行くと、子どもたちのおむつ卒業への意欲にもつながります。

感情的になって叱りたくなったりしますが、余計にできなくなったり、こじれたりしますのでママも慌てずに安心感を与えてあげられるように心がけましょう。

食事の変化

離乳食の完了から幼児食への移行

幼児食への移行は、ふたごであっても特別なことはありません。子どもたちの特性や成長を見ながら、無理せず進めましょう。

離乳食の完了で負担が減る

およそ生後12～18カ月ごろになると**栄養素の大部分をミルクや母乳以外の食物から摂れるようになり、この状態を「離乳の完了」といいます**。大人と似た形状で食材を食べられることが増え、食事の準備が少しずつ楽になってきます。

とはいえ、離乳完了の時期は子どもたちの成長によって多少遅れることもありますし、進み具合も変化します。個人差が大きいので、この時期は「成長に合わせて大人の食事に近づけていく準備期間」と捉えましょう。

ひとりひとりの成長を見守る

1歳半ごろに奥歯が生え始めると咀嚼運動が始まり、固形食が食べられるようになります。しかし、奥歯が生え揃うのは3歳以降になるので、大人と同じ食事を上手にかみ砕くことはまだむずかしい時期です。

大人用に調理した食事から取り分けたものを柔らかく煮たり、のどにつかえない1～2㎝くらいに切ったりすると食べやすくなります。

幼児期になると、食べられる食品の数もどんどん増えてきます。とは

mini コラム

おやつを楽しく食べましょう

幼児期の消化能力は未熟で、１回に食べる量も限られるため、食事だけでは必要なエネルギーや栄養素を満たすことができません。１日に１～２回のおやつの時間は、栄養素を整え、水分補給の意味があるとともに、子どもにとって楽しみな時間になります。

いえ、はじめての食べ物を積極的に食べる子や、一度口に入れて自分で確認してからでないと食べない子など、**同時に生まれた子どもたちでも食べ方はそれぞれ異なり、食べる量も違います。**「一方の子は何でも食べるけれど、もう一方の子はあまり食べてくれない」といった多胎児なりの悩みも出てきます。

親としては子どもたちの成長に差が出てくると、大変気になります。「食べなさい！」と声を荒げてしまいがちですが、これは「食べることって楽しい」という子どもの気持ちを損なってしまいます。量を強要せず「おなかがすいたら食べる」と割り切って、長い目で成長を見守るとよいでしょう。

食べる意欲を育てる

幼児期は「噛まない」「なかなか飲み込まない」「好き嫌い」「遊び食い」など、食事に関するさまざまな問題が出てきやすい時期でもあります。歯がどんなふうに生えているか、どれくらい噛んで食べているか、丸のみしていないかなど、**子どもたちの口の中を観察しながら、無理強いせずにあげられるようにしましょう。**

汚しながらでも自分で食べられる環境をつくり、家族みんなでおいしさを共感し合いながら食べることを心がけ、子どもたちの「食べる意欲」を育てていきましょう。

先輩ママ・パパの声

うちのふたごの場合

気分

食べたくないときもある

突然離乳食を食べなくなったことがあり、「せっかくつくったのに」とイライラしましたが、「赤ちゃんだって、食べたくないときもあるんじゃない」と夫にいわれ、気持ちが軽くなりました。

一緒に

競争して食べる

わが家のふたごは、ふたりとも好き嫌いなくよく食べます。お互いに相手の食べている姿を見て刺激し合い、競争するように食べるのは、ふたごならではのメリットなのかなあと感じます。

食欲旺盛

量がハンパじゃない

1日の離乳食の回数が増えてくると、大量につくったつもりでもあっという間になくなります。わが家では市販のベビーフードを大いに利用し、負担に感じることが減りました。

外出の工夫

子どもたちとの外遊び・外出の注意点

子どもたちが歩き始めるようになると、外出時に気をつけるべきポイントも変わってきます。

無理して外出しない

1歳ごろになると、子どもは少しずつ歩き始めるようになります。たくさんの興味を持ちながらよちよち歩くふたごの姿は、かわいくも、危なくも思えることでしょう。

ますます目が離せない年ごろに差しかかりますが、**不安や危険が回避できない、回避する自信がない場合は、乳幼児期同様、無理をして出かける必要はありません。**

そしてその際の出かけない選択肢にも自信を持ってください。

宅配を利用する、あるものでよしとする、雨の日は出かけない。そうした選択も、ママ、パパのメンタルヘルスと、子どもたちの安全を守るための立派な選択肢なのです。

「見守り」をお願いする

ただ、ときには遊べる場所へ行ってみる計画も立ててみましょう。

ひとりが不安な場合は、育児の手を家族以外から確保してみても大丈夫です。ファミリーサポート事業のような公的な支援をはじめとして、地域の多様な育児の手を借りることを考えてみてください。

支援者と一緒に、ひとりではなかなか連れて行くことがむずかしい公園へ行ってみたり、幼稚園や保育園にて開催されている園庭開放に出かけてみたり。また、児童館や子育て支援センターなど、地域で子育てを応援している場所を探してみるのもよいでしょう。

このように、**遊びに行く際の見守りを頼むことも、ふたご家庭にとっては大切な支援です。**支援者がいることで、行きたかった場所への環境的な問題（段差、階段、エレベーターなど）や、運搬的な問題（狭い場所を通るのにこのサイズのベビーカーで大丈夫かどうかなど）といったことを確認することもできますし、何より、そうしたサポートを通じて、「ひとりでも行けるかも」という気持ちが湧いてくるかもしれません。

いちばんの目的は子どもの見守りですが、見守りを通じて生まれる、そうした心のゆとりも、支援の手を借りることの立派な目的です。気兼ねなく依頼してみましょう。

保護者のライフスタイルを重視する

外出を計画する際は、あなたのライフスタイルを重視することも大切にしてください。

例えば車に乗ることが多いのか、公共交通機関を使いたいのか、自転車での移動が好きなのかなど、**実際にすると思われる自分の行動パターンを考えておきましょう。**そして、公共交通機関は、子育てをしている人も、子育てをしていない人も、ご高齢の方も、障がいをお持ちの方も安心安全に乗ることが前提にあることを忘れないでください。

また、自分が育児中に行動するパターン（ツインベビーカーなのか、抱っこ紐プラスベビーカーなのか、車なのか、人手があるのかないのかなど）や、混み具合などを細かく考えた上で、**わからない状況がある場合は実際に見に行ったり、問い合わせたりしてみましょう。**そこで得た情報をもとに、外出に必要だと思えるようなアイテムを揃えてください。

出かけられないときは家の中で遊ぼう

ふたごやみつごを連れての外出は、どの多胎家庭でも一度は悩む問題です。しかし、いつかは必ず安全に外出できる日がくるので、焦る必要はありません。

外出がむずかしい場合、お家遊びのレパートリーを増やすのもよいでしょう。お菓子づくりやピザづくりも、思い返すときっと楽しい時間に変化します。

もちろん、外遊びと同様に、その様子はカメラや動画に収めておいてくださいね。

mini コラム

ふたごサークルに行ってみよう！

何歳であれ、小さな子どもたちの成長や安全を思って「今はできない」ということがあっても大丈夫。でも、機会があれば地域のふたごサークルに顔を出してみましょう。インターネットには載っていない、ふたご、みつご家庭にとって目からうろこの、地域ならではの情報が得られるかもしれませんよ。

事故予防

ふたご家庭における1〜3歳の事故予防

成長に伴い、それまでは想像もしなかったような事故が生じることがあります。成長に応じた予防策を講じるようにしましょう。

1歳前後になると、子どもは指を使って小さなものをつまむことができるようになります。何にでも興味を持ち、小さなものをつまんでは口の中に入れて確かめようとする時期です。

また、1歳3カ月ごろからはひとり歩きが上手になり、行動範囲が広がります。それ自体はうれしいことですが、年齢が小さいほど胴長短足で重心が上にあり、頭が重いので転倒・転落しやすいという特徴があります。

子どもの発達の特徴と事故

1歳半〜2歳ごろになると自我が芽生え、大人からいわれたことに「いやいや」をいうようになります。

2歳代になると「自分で」と自己主張をすることが増え、自分で行きたいところに自由に歩いていけるようになり行動範囲が拡大します。一方、危険なものや場所を認識する力は低く、そのために事故が多発する時期です。

事故の予防と緊急対応

また、**活動範囲が広がると、大人の目が行き届きにくくなり、事故の発生率も高くなってしまいます。**

miniコラム

事故は予防が大切

小さい子どもの事故は多くが家庭内で起きており、ほとんどの事故は大人が近くにいるときに起きています。近くにいたとしても「子どもから目を離さない」なんてふたご育児では不可能なこと。安全に配慮した商品を選択する、家庭内の環境を整えるなどの事故予防対策を行い事故を減らしましょう。

「大人が注意して子どもをよく見てあげてください」といわれても、それができないのがふたごの育児です。

例え大人が子どもの近くにいたとしても、常に子どもから目を離さずにいることは不可能。だからこそ、事故が起きないよう、起こりうる事故のタイプを把握し、安全性に配慮したグッズや環境整備で予防することが大切です。

なお、万が一事故が発生した際にすぐに対応できるように、**子ども医療電話相談やかかりつけの病院などの連絡先は携帯の電話帳に登録しておきましょう。**

移動時の安全を確保する

2歳ごろになると、子どもは走ることができるようになり、よじ登ったり飛び降りたりなど、全身を使って活発に動くようになります。しかし、まだ自分で危険性を判断することはできないため、親は気が抜けません。

ふたごの場合は、それぞれが好き勝手に動き回るから、移動時は大変。親としてはベビーカーのほうが安心ですが、この年齢になるとベビーカーに乗りたがらないことがだんだん増えてきます。

そうした際、**子どもをある程度自由に歩かせつつ安全を確保するために使用したいのが「ハーネス」（迷子紐、子ども用リード）です。**世間からは「かわいそう」というネガティブな声が聞こえてくることもありますが、子どもの安全にはかえられません。そんなときはぬいぐるみ型や天使のような羽がついたものなど、「かわいい」と思えるデザインのものを選ぶとよいでしょう。

また、公園やイベント会場では、子どもを乗せられるワゴンや、大型の乳母車のようなカートも、移動ツールの選択肢になっています。状況によって使い分けるとよいですね。

1歳からの原因別事故防止

ここからは、子どもたちに起こりやすい事故や、その原因について紹介します。特にふたごに起こる事故の特徴については115ページの図で紹介しているので、こちらも参考にしてください。

転倒

　本やおもちゃ、洋服などを床に置きっぱなしにしていたことから、家の中で走り回った際につまずいたり、滑ったりして転倒し、裂傷や打撲につながるケースが多くなっています。家の中の整理整頓に加えて、衝突吸収コーナーガードや、テレビの転倒防止固定具などの事故防止グッズを利用しましょう。

　また、ベビーカーや子ども用の椅子の上で立ち上がって転倒するケースも多くなっています。ハーネスなどの使用時に、子どもの急な動きに対応して紐を引っ張ったため子どもが転倒して頭を打つという事故なども報告されています。これらの道具の使い方に注意しましょう。

転落

　ラックや椅子のシートベルトをつけ忘れて転落するケースや、階段から転落するケースが多くなっています。また、滑り台や平均台などの遊具から転落するケースもあります。シートベルトなどは装着を確認するよう習慣づけ、階段などを歩く際は、必ず保護者が子どもよりも下を歩くようにしましょう。

　ベランダなどからの転落は非常に多く、絶対に防がなければならない事故のひとつです。ベランダの手すりや、窓の近くには、足台となるものを絶対に置かないでください。また、窓際にソファーやベッドも置かないようにしましょう。

　しかし、こうした対策をしても、ふたごの場合、お互いの身体を踏み台にしてしまうことがあります。あらゆる可能性を想定し、窓やベランダに高めの転落防止柵をつけたり、窓の高いところにもうひとつ鍵をつけたりするなど、細心の注意を払うようにしてください。

誤飲・誤嚥

　この年齢の子どもは、口に入る大きさのものを何でも食べてしまいます。たばこ、おもちゃの部品、硬貨、薬、ママの化粧品など、特に色がきれいなものは口にしたくなります。飲み込むと危険なものは手の届かないところに置くようにしましょう。たばこは苦くて不味いので吐き出すことが多いのですが、2㎝以上飲み込んでしまった場合には、必ず医療機関を受診してください。

　なお、誤飲には、子ども自身が飲み込む以外に、親が間違った薬を与えてしまうというパターンもあります。「病気の子に飲ませるつもりが、間違って健康な子へ与えてしまった」「間違ってふたり分の薬をひと

りへ与えてしまった」という事例は、多胎児だからこそ起こるものです。薬を与える際には特に気をつけるようにしましょう。

また、食べ物であっても、調理の仕方によっては事故につながることがあります。例えばミニトマトや粒の大きいブドウなどの丸くてつるつるした食品は、のどに詰まらせる危険性が高いです。4歳ごろまでは1・5㎝以下に刻んで与えるようにしてください。なお、ピーナッツなどの豆類は、よく噛めるようになる4歳ごろまでは与えないようにしましょう。

挟む

子ども同士がドア周辺や窓、テレビ台などで遊んでいる際に指を挟んでしまう事故が頻発しています。また車の乗り降りの際に、大人が子どもの指をドアに挟んでしまうことも少なくありません。車のドアを閉めるときは子どもの手がかかっていないことを確認し、「ドアを閉めるよ。危ないから離れて」と声をかけるようにしましょう。

自転車の転倒

自転車の転倒事故は、走っているときより停まっているときに多く起きています。ひとりを降ろしてもうひとりを降ろす間にバランスが崩れる、ふたりが動いて倒れるなどです。子どもをふたり乗せるときは、転倒防止のため、「乗せるときは後部座席から」、「降ろすときは前部座席から」の順番を守りましょう。

ぶつかる・当たる

後ろから走ってきた子が前の子にぶつかる、お互いに走り回っている際に正面衝突するなど、子ども同士で遊んでいる際に、相手にけがをさせるケースが多くなっています。この年齢の子どもの判断力や認知力は、親が想像するより低いです。「このくらいわかっているだろう、知っているだろう」と思わず、何が危ないのかを丁寧に教え、注意を促すようにしてください。

溺れる

子どもは家庭の浴槽であっても溺れる可能性があります。それだけでなく、バケツの水、洗面器の水で溺れてしまうこともあります。お風呂場などの水場には鍵をかけて子どもが入れないようにし、子どもだけをお風呂に残したり、遊ばせたりしないようにしましょう。

また、暑い日のビニールプールやお風呂場での水遊びは、気持ちよく楽しい時間です。少しの水であれば大丈夫、ふたりいれば声を出して知らせてくれる、万が一何かあっても暴れるから気がつく、これらはすべて間違いです。水深が浅くても子どもは溺れるし、幼児がふたりいても声を出してくれません。

そして、子どもが溺れるときは、バチャバチャと水音を立ててもがくこともなく、静かに水の中に沈みます。**「子どもは静かに溺れる」**ということを知っておきましょう。

耳や鼻の中に小さいものを入れる

BB弾、どんぐり、丸いガム、おもちゃ、ティッシュなどを、鼻や耳に入れてしまう事例が数多く報告されています。おもしろ半分で入れてしまい、本人は入れたことを覚えていないことが多いです。

保護者が見ていないときに入れてしまうと、誰も気づかないまま時間が経ち、耳掃除のときに発見したり、鼻から異臭がしてはじめて発覚するということもあります。特にプラスチック製の小さな丸いものは耳や鼻に入ると取り出すのがむずかしいので、幼い子どものおもちゃとして与えるのは避けましょう。

祖父母の家の環境にも注意

また、ふたごの場合、祖父母に育児を手伝ってもらう機会が多くなります。祖父母の家は、カッター、薬、電池などの子どもにとって危険なものが手の届くところに置いてあり、十分な事故防止対策がとられていないことがあります。

子どもの発達段階の認識が適切でない場合もあって、事故になることがあります。祖父母の家で「肉じゃがのにんじんがのどに詰まった」「熱いお茶が入った急須に触ってしまった」という例もあり、環境整備とともに食べ物の大きさや熱い飲み物への注意も必要です。

年齢別の死亡事故発生場所

子どもの事故は交通事故を除いて、ほとんどの事故が家庭内で起きています。

1～4歳の事故発生場所は家庭内が7割を占め、年齢が上がるにつれて屋外での事故が増えていきます。

子どもの死亡事故発生場所の割合

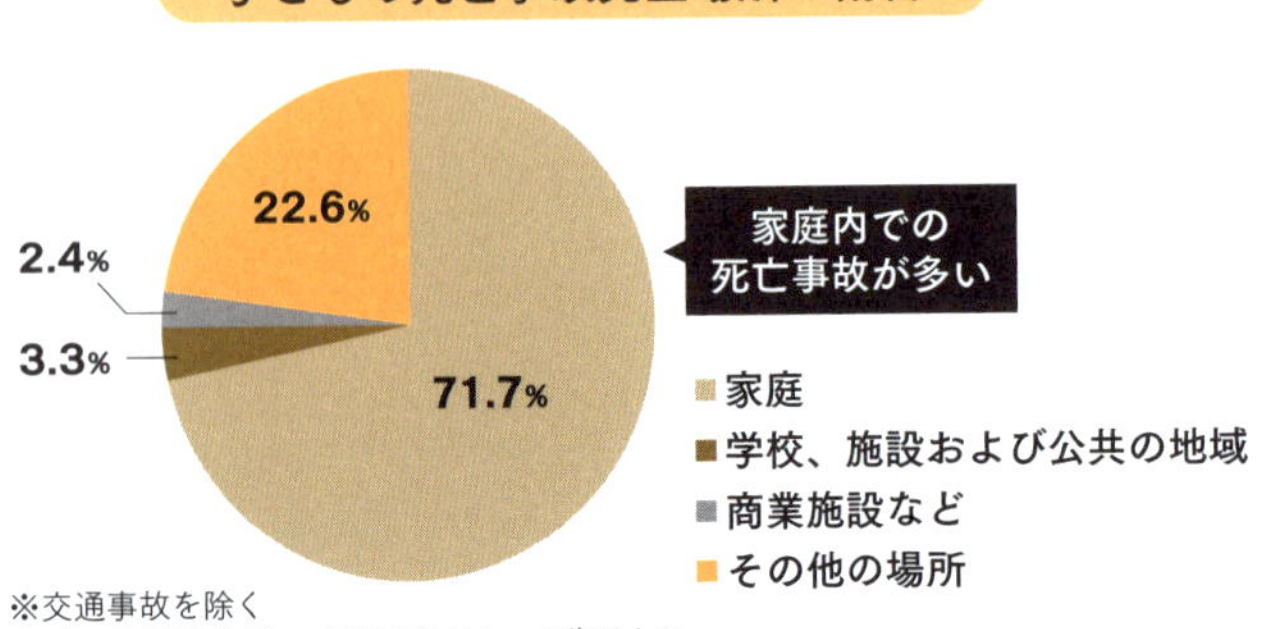

※交通事故を除く
※データは平成30～令和4年の1～4歳のもの

出所：こども家庭庁成育局安全対策課「こどもの不慮の事故の発生傾向と対策等」（令和6年3月26日）をもとに作成

ふたごに起こる事故の特徴

その1

ふたりがバラバラに走り出す

ベビーカーから降ろした途端に左右に散る、横断歩道でふたりが違う方向にちょろちょろし、車にぶつかりそうになるなど、ふたりが違う方向に走り出すと、ママひとりでは子どもの突発的な動きが止められません。開放感いっぱいになったふたごには注意が必要です。

その2

遊びのスケールが大きく、いたずらもふたりで協力

ふたりで遊ぶので楽しさは倍になり、気が大きくなってけがも大きくなります。ふたりで一緒に力と知恵を出し合い、ひとりだとできないことも予想外のパワーでしてしまいます。「ふたりでいるとパワーやテンションが1＋1＝2ではなく4くらいに上がる。悪さもするしエネルギーを出してくる」「ふたごは本当に調子に乗りやすい」というママからのコメントに「その通り！」と同意する方は少なくありません。

その3

喧嘩が事故に

ふたご同士はお互いがいちばんの遊び相手であり、いつも一緒で仲がよく、喧嘩もたくさんします。おもちゃの取り合い、順番の争い、ママの膝の取り合いもあります。遊び相手であると同時にいちばんの競争相手でもあり、幼いときは手加減がわからず、ひっかいたり噛みついたり、突き飛ばしたり、負傷が多くなります。

その4

片方の子の面倒を見ているとき、もうひとりの子が危ない！

「ひとりのおむつ替えのときにもうひとりがベッドから転落する」「入浴中に、ひとりを洗っているともうひとりが溺れる」など、どの年齢でもひとりの世話をしているときにもうひとりが危険な状況になります。ひとりの子のお世話をしているときは、もうひとりの子の安全を十分確保することが必要です。

その5

発達が同じ子どもが家庭内にいること

ふたりの成長が同じだから起きる事故（同じ背丈のため、家の中で出会いがしらに衝突し、顔や頭を強打する）というものと、ふたりが異なる成長発達だから起きる事故（ふたごでも個人差があるのに、同じことをやりたがる。身長の高いAちゃんが登れるところに身長の低いBちゃんも登ろうとして落ちる）というふたつの原因があるようです。

その6

ふたりで仲よく遊んでいるから大丈夫？

ふたごでよかったと思うことのひとつに、ふたりで一緒に遊ぶので、泣くこともなく、ママが家事の時間をとりやすいということがあります。ただし、その安心が油断のもとで、目を離したときに事故が起こりやすいという声も。ふたりいるから親が離れても泣くことはありません。しかし、幼い子どもはお互いに助け合えないし、助けを呼ぶこともできないということを忘れないようにしてください。

施設入所

ふたご家庭における保活・園選びのポイント

子どもが複数人いるとき、保育園選びではどのような点を考慮すればよいのでしょうか？

地域によって異なる保育所（幼稚園）事情

ふたご家庭から、「どのような保育所（幼稚園）を選べばよいのか」「そもそもふたご（みつご）を揃って同じ保育所（幼稚園）に入れることができるのか」といった相談をよく受けます。

教育・保育施設（以下「施設」とまとめて表記）については地域差がとても大きく、選択肢がほとんどないところもあるでしょう。ここでは、選択肢が複数あり、入所・入園（以下「入所」と表記）希望者が多い場合の「多胎児の入所」という視点から考えてみました。

同じ施設に同時に入所できるか

まず重視する点は、「子どもたちが同時に同じ施設に入所できるか」です。兄・姉など、ほかにきょうだいがいる場合は、その子たちも含めて考えます。

入所タイミングは妊娠中から話し合う

入所希望者の多い地域や施設では、年度途中に複数の空きが同時に出る可能性は低いため、ふたご家庭の入所は年度はじめの4月を想定することが自然です。

しかし、多胎の妊娠・出産・育児では、母体への負担が大きく、産後の回復が単胎の場合よりも遅れがちです。そのため、4月が生後3〜6カ月などの早期に重なっていると、母体の回復が進んでいなかったり、子どもたちの入院が長引いていたりなど、予定通りの職場復帰がむずかしいことも少なくありません。

「さらに1年先での職場復帰や入所の可能性」も含めて、**入所の時期については妊娠中から家族で話し合っておきましょう。**産後の無理は禁物です。

子どもたちを別々に入所させる場合

ふたごやみつごを必ずしも一緒に入所させられるとは限りません。例えば枠がひとり分しか空いておらず、「入所できなければ、祖父母が子どもたちを預からねばならない」などの事情がある場合は、「運動量の多い子をまず入所させ、次の枠が空くのを待つ」といった対応も考えられます。

しかし親子関係や子どもの精神的な影響から考えると、**特別な事情がなければ、「ひとりは施設に行き、ひとりは家で親と過ごす」というアンバランスな状態は避けたほうがよいでしょう。**

「別々の施設ならば同時入所できる」という場合は、送迎に無理がないか、どちらかの施設に空きができたときには優先的に転所させてもらえるのかなどを確認しましょう。

なお、養育者自身の病気や、育児に対する不安や負担感が強いなどの事情がある場合は、年度途中でも入所相談が可能です。諦めずに、担当保健師に相談してください。

施設選びのときにチェックしたい点

認可保育所の入所は、保育指数（基準指数と調整指数）と、優先順位づけ（世帯年収、認可外保育施設などの利用実績、兄・姉の在園など）によって決まります。

その基準は自治体によって異なるため、**認可保育所への入所を検討する場合は、自身の家庭の保育指数や優先順位と、入所の可能性について、役所で早めに確認しましょう。**

「きょうだい」の加点とは別に、「多胎児」や「多胎妊娠」での加点を設けている自治体もあります。多胎児の子育て経験者からは「役所の担当窓口に何度か相談に通い、事情を説明した」「募集締め切りギリギリの申し込み状況を確認して決めた」という声も聞かれます。

次の表は、ふたご家庭の声をもとに作成した、園選びで気をつけるべきポイントです。安全に負担が少なく通える施設に入所できるよう、参考にしてください。

入所前の確認事項

☑ **ふたごへの対応**
- クラス分けの方針はどうか
- ふたごをひとまとめにせず、個人として対応してもらえるか
- 行事などで、ふたごへの配慮があるか
- 抽選による入所の場合、ふたごは“1ペア”として抽選できるのか

☑ **送迎**
- 送迎方法や経路に無理がなく、安全か
- ベビーカーを帰りまで置かせてもらえるか

☑ **費用**
- 入所料・保育料の兄弟割引などがあるか
- 給食費やバス代など保育料以外の負担金があるか、ある場合はその金額

☑ **荷物・物品**
- 昼寝用布団やおむつの、レンタルや持ち帰りがあるか
- 預ける洋服やおむつなどの記名は名字だけでもよいか

☑ **ひとりの体調不良時**
- ほかの子は登園できるか
- 迎えに行き受診する場合、ほかの子は預かっていてもらえるか

Column 4

ふたご当事者の声～「平等」とは～

“物理的に同じ＝平等”とは限らない

「平等に分け隔てしないで育てる」とはどんなことでしょうか。

例え、同じ服を着せ、同じ額のおこづかいを与え、同じようにチャンスを提供したとしても、決して平等なことにはなりません。

物理的な平等・公平よりも、むしろ、心理的な平等感・公平感のほうが重要だと思います。

大切なのは「平等にしたい」という気持ち

ひとりひとりの個性にあったものを与えるならば、例え違ったものでも、ふたごは公平だと感じるはずです。

子どもたちにしっかりと向き合ってさえいれば、それぞれの個性や好みが見えてきますし、しっかりと説明したり、話し合ったりすれば、外面的には一瞬不平等に見えることでも、本人たちにとっては、かえって「分け隔てしない」と感じられることが多いのです。

大切なのは、ママやパパがそういう姿勢を常に見せることです。「分け隔てしないで、平等に育てたい」という意思や気持ちを常に持ち、それを子どもたちにはっきり伝えることが大切です。そこがしっかりとしてさえいれば、一瞬の不公平や物理的・外面的な不平等は大した問題ではありません。

ふたごたちはきっとよく「〇〇ちゃんばっかりずる～い」ということでしょう。僕も小さいときよく「〇〇ちゃんいいな」とうらやましがったそうです。また、食べ物を分けるときに定規や秤《はかり》で測っていたそうです。でも、今振り返ってみると、不平等感が残ったということはありません。

「分け隔てしない、平等にしたい」という気持ち、姿勢があれば生育期全体を通じた平等が形成されるのです。安心してください。

5
章

ふたごたちとの暮らしと悩み

子ども同士の関係性や、クラス分け、進路や習い事など、
ふたごたちとの暮らしには、ふたごならではの困りごとや悩みがあります。
先輩ママや先輩パパたちの体験談を聞き、
自分の家族に合った解決策を考えてみましょう。

学校入学

子どもたちのクラス分けについて

子どもたちのクラスは同じがよい？　それとも別がよい？　また、別にしたい場合はどのように交渉すればよいのでしょうか。

クラスは別のほうがよい？

子どもたちが学校に通うようになると、同じクラスにするか、異なるクラスにするかの問題（クラス分け問題）に直面します。

クラス分けについて、こうしたほうがよいという定まった見解はありません。子どもたちの関係性や状況に応じ、ケースバイケースで判断することになります。

ただ、何も希望を出さない場合、別のクラスに配置されることが一般的です。理由としては「個々人としてのアイデンティティが育たないから」「友達ができなくなるから」などが挙がることもありますが、これらに学術的な根拠はありません。

むしろ、いくつかの学術研究は、問幼い時期にクラスが分かれると、問題行動が増えたり、読解力に影響が生じたりすると報告しています。

なお、**子どもたちの親密性が強い場合、離れ離れになることを嫌がることがあります。**「連帯性が強すぎる多胎児を一緒にさせておくと、感情や行動がエスカレートするから望ましくない」といった指摘がしばしばされますが、それも必ずしも正しくありません。例えば、一方が感情的になると他方が落ち着かせるように行動する、といったケースなどもあります。

学校には早い段階で希望を伝える

学校（先生）によっては、「ふたごは別のクラスにする」というルールで編成されていることもあります。**子どもたちを同じクラスにしたいと希望する場合は、入学前の説明会など、新年度になる前の早い時期に学校に希望を伝えましょう。**主任クラスの先生と相談するとスムーズに話が進みやすいです。希望をいうだけで終わらせず、きちんと話し合うことが大切です。

要望を出すことに気恥ずかしさや不安を覚える方もいるかもしれません。しかし、多胎のきょうだいの絆は、周囲が考えるよりずっと強く、緊密なものです。最も身近にいる保護者は、その関係性を尊重しつつ子どものニーズを踏まえ判断できる存在です。自信を持ちましょう。

なお、子どもたちが幼い時期は、同じクラスにしたいと希望するふたご家庭が多いようです。

学校初日は、未知の場所・見知らぬ集団の中に放り込まれ、慣れ親しんだ環境・両親から引き離される日でもあります。子どもたちが別のクラスとなる場合、さらに相方から引き剥がされる別れの日ともなります。耐えがたい不安を感じる子がいても無理のないことでしょう。

宿題や行事などへの対処も考える

子どもたちを同じクラスにするメリットはいくつかあります。特に宿題を忘れがちな子に対処するため、子どもたちを同じクラスにしたいと考えるふたご家庭は多いです。

また子どもが宿題をやらない理由が、やる気の有無や生活習慣の問題ではなく、教師との関係性やクラスの環境にあることもあります。きょうだいが同じクラスにいる場合、そういった状況を把握しやすくなるというメリットもあります。

なお運動会や学芸会のような保護者に参加を求める学校行事に対応しやすくなる点もメリットでしょう。

別クラスを検討したほうがよいケースもある

子どもたちが7歳以上になると、自我の発達や個性の明確化により違うクラスを望むことが多くなり、学年が上がるとともにこの傾向は強くなります。

また、学年が上がっていくと、同じクラスの場合よりも、クラスが異なる子どもたちのほうが、国語などの一部の教科で成績がよいという研究報告もあります。

当たり前のことですが、成長とともに子どもたちの関係性は変わる場合があります。一方が他方を支配的に扱う、相互の依存関係が顕著である、子どもの競争心が強い、互いの交友関係が複雑化しているなど、子どもたちが別々のクラスにいたほうが落ち着くケースもあります。

クラス分けで大切なこと

多胎児のクラス分けは、子どもたちのニーズにもとづいて行うことが大原則です。**ひとりひとりが異なるように、多胎児の関係性も各家庭で異なります。**

無根拠で画一的なルールを適用することは望ましいことではありません。進学進級にあたってはご家族でよく話し合い、子どもたちにとって最適なクラス分けが実現するよう、ぜひ学校と相談してください。

習い事の経験

どうする？子どもたちのクラブ活動・習い事

子どもたちには同じような経験をさせた方がよいのか、それとも平等を意識しすぎないほうがよいのか、などを紹介します。

習い事によって生じる負担も考える

幼児期になると近所で習い事を始める子どもが出てきて、そろそろ何か習わせたほうがいいかなと考えたり、いろいろと習わせたいと思ったりすることがあるかもしれません。

しかし、習い事はお金がかかるものです。一度にふたり・3人を習わせるのは、経済的負担も大きいです。そして、ふたり・3人の子にたくさんの習い事をさせるには、時間のやりくりも必要になってきます。

習い事をさせるときは、子どもたちの個々の状態、家庭の経済や状況に合わせて、無理のない見通しを持てるようにしたいものです。

できれば、お子さんがやりたいといったときに始めるのがよいと思います。無理にやらせても上達しないものです。よその家が始めたからといって焦ることはありません。

子どもたちには同じことをさせるべき？

ふたご（みつご）には同じことをやらせたいと思うママやパパも少なくないでしょう。しかし**ふたご・みつごといっても個性があり、ひとりひとり興味関心も違うものです。**無理に同じことをやらせる必要はありません。

そして平等にこだわるあまりに、習い事の数も同じにする必要もありません。ひとりが習い事を始めたからといって、もうひとりもやらせなければと思う必要はないのです。

あるふたご家庭では、ひとりが習い事をしている間、もうひとりとママがゆったりと1対1の時間を過ごせたことがよい思い出になっているそうです。そういう意味でも、やりたいといったときにやりたいことをやらせるほうが、本人も納得するのでよいのです。

そうはいっても、お金と時間は限られています。さまざまな事情で、やりたいことをやらせてあげられないこともあるでしょう。そういうときは無理をせず、子どもに事情をきちんと説明すればよいのです。子どもも家族の一員ですから、家庭生活を経済的にも時間的にも円滑に送ることにおいて一役をになっているという自覚を持たせたいものです。

原則は「比べない」こと

同じ習い事やクラブ活動をする場合に気をつけたいのは、〝比べないこと〟。どちらかの進み方が早かったり、ひとりだけレギュラーになったりというのは、あることです。

進みの遅いほうに過度な叱咤激励をしたり、比べて評価したりというのは、される当人たちにとって、とてもつらいものです。また、逆に早いほうを遅いほうが追いつくまで待たせることも避けたいものです。

それぞれの頑張りを温かく認めてあげればよいでしょう。

結果だけがすべてではない

「ふたごのひとりがテニスを頑張っていて、もうひとりと一緒にあちこちの試合に応援に行ったことが、家族全員の思い出になっている」と懐かしそうに語る先輩ママもいます。

習い事やクラブ活動は、結果がすべてではありません。その経験やそこでの人間関係が、かけがえのない財産になるでしょう。

先輩ママ・パパの声

うちのふたごの場合

好きなこと

いつからでも、いつまでも

小6のとき、急に「ピアノが習いたい」と始めた次男。大人になった今も作詞作曲をしたり友人とバンド活動をしたり。ひとりだけ？ と迷いましたが、やりたいことをやらせてよかったです。

呼び方

セットで呼ばない

「マナカナ」のようにセットで呼ばれていましたが、お稽古事の先生はひとりずつ名前を呼んで別々に対応してくれました。それを見ているうちに私もふたりの違いに改めて気づけました。

支え合い

立ち位置は自分で決める

同じ部活で片方はキャプテン、もうひとりは補欠。何と声をかけるか悩みましたが、本人は相方の頑張りを誇らしげに話しており、自分の立ち位置は自分で決めているんだと教えられました。

進路選択

一緒？　別々？　子どもたちの進路と受験

進学先や受験などについて、
ほかのふたご家庭ではどのように選択しているのでしょうか？

一緒がよい？　別々がよい？

産まれてから小学校までずっと進路が一緒だったふたごやみつごにとって、**中学・高校進学が、はじめての選択のとき。**

今まで通り一緒の進路を選ぶのか、別々の進路を選ぶのか……。もちろん、そこに正解不正解はありません。

そこで、ここでは「ふたごの考えは？」「両親はどう考える？」など、ふたご本人たちや両親から聞いた進路ついての考え、思い、経験に関する声を紹介します。

一卵性男児
ふたりとも、中学から続けている部活に専念できる高校を選びました。部活引退後のことも考え、大学推薦枠が多くて、部活動と大学進学の両方を叶えられる同じ私立高校を選んだんです。

一卵性男児の両親
子どもたちが自力で通学できる、大学進学に苦労しない推薦枠がある、兄弟割引がある私立高校を選びました。

二卵性男女児（女児）
制服がかわいくて、同じ中学校の子があまり行かず、街中を通って通学する高校にしたいと思いました。

二卵性男女児（男児）
同じ中学校の子が多く行き、大学進学を目指せる高校に行きたいと思いました。

二卵性男女児の両親
娘と息子を周囲が学力で比べていることに心を痛め、比べられることのないように別々の中学校へ進学させたいと考えていました。

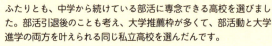

一卵性女児（妹）
先生たちから、部活で成績を残す姉と比べられることが嫌だったので、別の高校に進学しました。比べられることがない学校生活を送れて、とても楽しむことができました。

二卵性男女児の両親
将来就きたい職業について話し合い、その職業に就くにはどうすればよいのかを逆算しながら、一緒に考えました。

一卵性女児
親への負担も考え、それぞれが自分の学力合格ラインに届く公立高校を選び、はじめて別々の学校へ。今まで通学も部活も一緒でお互いを頼っていたから、離れるのが不安でした。

一卵性女児と二卵性男児の両親
悪天候や災害があったときでも自力で帰宅できる学校であること、何かあったときは迎えに行ける距離範囲の学校であること、などを条件に検討しました。また、私立高校の場合は学費免除が受けられるかどうかもチェックしていました。でも何より、本人たちが楽しい学校生活を送れる学校であることを願っていたように思います。

一卵性男児の両親
成績的に順当な学校を受験しました。子どもたちの学力はほぼ同じであったため、受験校はすべて同じに。同じ学校に合格することを願っていましたが、一方が合格した学校に他方は不合格となり、進学先が分かれることになりました。しかし異なる進路となったものの、外出先や主要駅で相方の同級生から間違えられることがしばしば生じることなどを、本人たちは楽しそうにしているので一安心です。

一卵性女児の両親
ふたりとも同じ中学を受験することになったので、合格発表は母が確認して本人たちに知らせると話し合って決めていました。発表後の開口いちばんが「一緒だった？」と本人たち。「やっぱり一緒がよかったんだな……」と思ったと同時に、母は子どもたちの結果が一緒で内心ホッとしたのを覚えています。

多く挙げられた進路選択理由

【ふたご本人】
・やりたい部活動
・自分の学力に合う学校
・親への経済負担

【両親】
・自力通学の可否
・大学進学のしやすさ
・本人の希望
・学費負担の小ささ

人間関係

年齢によって変化する子ども同士の関係性

子ども同士の関係性は、親からしてもとても気になるもの。ふたご・みつごならではの関係性についてご紹介します。

子ども同士が一緒に遊ばないこともある

ふたごやみつごの子どもたち同士の関係性は、異年齢のきょうだいとの関係よりも気になるもの。場合によっては、子どもたち同士の関係に親が悩んでしまうことも少なくありません。例えば、1～2歳台のふたごを育てるママから、「ふたごなのに、あまり一緒に遊ばない」と不安の声が上がることがあります。

しかしそれは、（個人差はあるものの）発達段階から見ると自然なことです。

子どもは生後6カ月ごろから、自分と他者がだんだんわかるようになり、9カ月ごろからは人見知りが始まり、よく知っている人には笑顔を向けたり、その人の模倣をしたりするようになります。このころに子どもたちを向き合わせると、お互いの顔を見たり相手の真似をしたりして笑い合う、愛らしい姿が見られることがあります。

しかし、そのまま子ども同士が仲よく遊ぶようになるというわけではありません。例えば**2歳ごろまでは「ひとり遊び」の時期といわれており、基本的には子どもはひとりで遊ぶものです。**

また、2歳からは「並行遊び」の

時期に入ります。この時期には、絵を描いたり砂場で遊んだりして一緒に遊んでいるように見える場面が増えますが、子ども同士の遊びが交わることはなく、並行して自分の遊びをしているだけです。その後、3歳ごろから文字通り「一緒に遊ぶ」という「連合遊び」の発達段階に入っていきます。

発達段階によって人間関係には変化があります。これらを知っていれば、必要以上に思い悩むことを減らせるでしょう。

きょうだい以外と遊ばないという不安

集団保育の場などに入るころになると、「ふたご（みつご）同士でばかり遊んで、ほかの子とあまり遊ばない。社会性がつくかどうか心配だ」という不安を抱く親が多くなります。親からすれば子どもたちがふたご（みつご）の世界に閉じこもっているように見えて、心配になってしまうのでしょう。しかしこれも、心配しすぎる必要はありません。

子どもが、親との愛着形成をしっかりと育んだ後に他者との関係を結んでいくことをご存じの方は少なくないでしょう。ふたごやみつごの場合は**他者との関係を結んでいく前に、親との関係とは別に、ふたご（みつご）同士の関係性も結んでいきます。**そして、その関係性で築いた安心感を土台として、ほかの子どもたちとの関係を結んでいくという段階を踏んでいくのです。

成長に伴い、必ず他者とのかかわりは持つことになります。安心してその段階に移っていけるように、子どもたちを見守りましょう。

一緒にいる安心感は自然なもの

学齢期を迎えると、クラスが違ったりグループが違ったり、チームが違ったりして、次第にふたご・みつごだけで遊ぶことは減っていきます。男女混合の多胎児の場合はなおさらです。

一方で、「放課後にほかの友達と遊ばずに、ふたご（みつご）だけで遊んでいて心配だ」という声もあります。こちらも心配は不要です。

この本を読んでいるみなさんの中にも、「放課後はひとりで遊ぶことが好きだった」という方がいるのではないでしょうか。子どもたちは学校でさまざまなことを頑張って過ごしてきます。帰宅してからひとりでホッとできるのは、大切なことです。そして、おなかの中からずっと一緒にいる子どもたちにとって、ふたご（みつご）同士でいることが、「ひとりでいる」ことと同じぐらい自然で、ホッとできることなのでしょう。その空間で、明朝登校するエネルギーを蓄えているのです。

学校で孤立しているならば話は違いますが、**学校ではほかの子どもたちとも仲よく過ごせているようならば、帰宅後にふたご（みつご）同士**

で過ごしていても、何も心配はいりません。

自尊感情を育み合って人生を支える

さて、人にとって、自尊感情はとても大切なものです。では、ふたご・みつごの場合の自尊感情とはどんなものでしょうか？

それは、**自分と相手がともにふたご（みつご）であることを認め、それを受け入れ、さらにそうした自分と相手を同時に「大切で好きなんだ」と思えることです。**

この時期からふたごとしての自覚と自尊感情が次第に育まれていき、これがやがてやってくる思春期や青年期、あるいは壮年期などの葛藤を心のいちばん奥底で支える土台となります。

ふたごにとっての最大の安心感は、「どんなことがあっても世の中には自分のことをわかってくれる人間（ふたご・みつごの相手）が絶対にいる」ということです。そうした安心感の中で、子どもたちは幸せなふたごライフ・みつごライフを送ることができるようになるのです。

不仲に見える行動は自立の第一歩かも

思春期のふたご家庭から、「子どもたちの仲がとても悪くなった」という声をよく聞きます。なかには、「ふたご（みつご）で、小さいときの私の愛情が足りなかったから、こんなに喧嘩をするのだろうか」と心配する方もいます。

思春期は、子どもから大人へと心身が大きく成長する時期。そして、親への反発心や反抗心を抱く「親からの自立」の時期でもあります。

ふたご・みつごの場合は、そこへさらに「ふたご（みつご）のきょうだいからの自立」という要素も加わります。**親に反発するのと同様に、ふたご（みつご）のきょうだいに反発するのは、成長過程の中で自然なことなのです。**

思春期のストレスを安心してぶつけられる相手がいることは、むしろ幸せなことだといえるでしょう。心身の成長が落ち着いてくると、自然とその関係も落ち着いていきます。決して愛情不足が原因ではありませんので、安心してください。

多胎児は友達関係がお得？

ふたご・みつご同士の関係からは少し外れますが、ふたご・みつごは友達関係でお得なところがあります。それは**自然と友達が2倍・3倍になることです。**

どうやら、ふたご・みつごの友達は、〇〇ちゃんとだけ友達になっても「△△ちゃんとも友達になった」という感覚があるようです。

一方、ふたご・みつごたちにも「ふたご（みつご）のきょうだいの友達は、自分の友達」という感覚がある子も多く、はじめて会っても以前からの友達のように自然に遊べるということが珍しくありません。〇〇ちゃんの友達と△△ちゃんの友達が一緒になって混ざり合って遊ぶこともあります。

これは、ふたご・みつごならではの楽しみではないでしょうか。

力関係が生まれても心配しすぎなくて大丈夫

ところで、ふたご・みつごの力関係で心を悩ませる親も多いでしょう。「強い子と弱い子、ものを独占する子と譲る子が固定になっている気がする」「片方がもう一方をいつも頼っている気がする」などです。

ふたごはよく似ていても、それぞれが個性を持ち、またその得意とすることも違ってきます。一時期、片一方が強く見えても、そのうちその関係が逆転したり、それぞれに得意な分野ができて、それぞれがその強みを発揮できるようになったりもします。それにより、お互いに相手に頼る分野ができ、相互に助け合えるようにもなったりします。

あまりにも偏りすぎてふたごの関係性が阻害されているように判断できる場合は、こまめに声がけをする、環境を変えるなどして、その方向性を修正することが必要かもしれません。そうでない場合は、瞬間瞬間の関係で悩むのではなく、なるべくゆったりと大きく構えていたいものです。

先輩ママ・パパの声

うちのふたごの場合

補い合い

顔はそっくりでも

うちのふたごは、顔はそっくりですが、性格はかなり違うような気がします。ひとりは社交的で、もうひとりは少し慎重です。でも、上手に補い合っているようです。

変化

別々の進路がきっかけで

小さいときはずっと一緒に遊んでいましたが、特に高校で学校がバラバラになったら、友達もそれぞれできたようです。

個性

違いが多いふたり

うちのふたごは二卵性なので、性格も好きなこともかなり違います。二卵性とわかっているので、それでも心配はしていません。

男女の多胎児

性別の異なるふたご・みつごの関係性

性別の異なるふたごやみつごは、実は珍しくありません。気を使うべきポイントなどを、体験談を踏まえて紹介します。

男女のふたご（みつご）とわかったら

お誕生おめでとうございます。おなかの中のふたり・3人が異性の組み合わせだと知って、きっと驚いたのではないかと想像します。

けれども男女のふたごは、実は珍しいものではありません。例えば**二卵性（12ページ参照）のふたごのうち、半分ぐらいは男女のペアです。また、異性の組み合わせのみつごは半数以上です。**

周囲からは「一度に女の子と男の子が生まれておめでたいね」「いっぺんに大きくなっていいなあ」などいわれるかもしれません。しかしパパとママは「異性だから遊び方が違う?」「体力差がある?」「一緒に育てるって大変?」など、戸惑いと不安な気持ちでいっぱいなのではないでしょうか。

ここでは、少し先に異性のふたごを育てた先輩ママから聞いた、「こうしたらよかったな」と思うことや、うれしかったことなどを紹介します。

男女の違いを逆手にとる

男女のふたごの子育ては、性差や体格差、興味関心の違いなどから、苦労することや、工夫が必要になることがあります。

例えば小さいころは、「一緒に発熱したのに、男の子のほうだけ熱がなかなか下がらない」「女の子は言葉が出始めたのに、男の子はその気配がない」といったような違いに戸惑うことがあります。

少し大きくなると、危ないことを平気でする男の子の激しい行動と、気に入らないことがあるとカーっとなるなどの女の子の激しい気性といったように、まったく違った面それぞれに気を配らなければならないといった苦労も生じます。

大変ではありますが、これは逆に考えれば、**「男の子だから」「女の子だから」と割り切ってしまえる部分があるということでもあります。**そうすることで、パパやママの気持ちが楽になるときもあるのです。

例えば遊びに出かけるとき、男の子はパパとレンジャーショー、女の子はママとサンリオピューロランドというふうに、1対1の対応をすることで、思い切り楽しむこともできます。

小学生ぐらいなったら、男の子が思い切り体を使って遊ぶ機会を多く持てるよう、ふたりを外に連れ出したりしましょう。もちろんそのときに、女の子が活発な遊びを好んでもOKですし、男の子が静かな遊びを好んでもOKです。遊びの形態は発達とともに変わっていくと思いますし、ふたりの力関係も変わっていきます。

それぞれの友達を呼んで遊んだり、あるいはみんな一緒に呼んで遊んだりと、男女の区別なく遊ぶ体験もさせることができるのも、男女のふたごならではの楽しさではないでしょうか。

男女ペアの「思春期」の過ごし方

男女のふたご（みつご）を育てている方からのよくある質問に、「お風呂にはいつまで一緒に入っていましたか？」「部屋はいつから別々がよいのでしょうか？」といったものがあります。

もちろん家族構成や環境・両親の考え方によって違いはありますが、おおむね10歳前後には別々になることが多いようです。

男女のふたごだからこそ、「親が考えているより子どもたちの成長は

早い」と思って対応することで、お互いのことを理解し、大事にできるのではないかと思います。

思春期はむずかしいことがあるかもしれません。一方で、異性ペアだからこそ助かることもあります。例えば男の子が学校のことなどをあまり喋ってくれなくても、女の子や、女の子側のママ友から情報収集できたりすることがあるのも、異性のペアがいる強みです。

中学生くらいまではむずかしいことも多いですが、高校生ぐらいになると、お互いの友達を友達にして交友関係を広げるなどして、高校生活を楽しめるようにもなります。

能力に変化がやってきたら……

ふたごの女の子をA子、男の子をB男として、著者のエピソードを3つ紹介します。まずは中学生のころのエピソードです。

小学校高学年までは背も高く、何をするにも勝っていたA子。しかし中学校で背も成績もB男に抜かれて、落ち込んでしまっていた時期がありました。

このころになると、男女の発達の違いにより、それまでとふたりの能力に変化が訪れることがあります。そんなときはママと一緒に料理をつくったり、ふたりでパフェを食べに行ったり、髪飾りや洋服を見に行ったりと、女の子であることを楽しんだらよいのではないでしょうか。

からかってきた友達に……

続いては小学校4年生くらいのころの話です。

ある日、同級生が「A子はB男のオチンチンを毎日見てるんだろう？　エロいな！」と話しているのを聞いたB男が、その同級生に「お前は母親や姉にオチンチンを見せるのか!?　馬鹿じゃないか！　次にそういうことをいったら絶対に許さん！　馬鹿にするな！」と、ものすごい剣幕で怒ったことがありました。

私はそれを直接見ていたわけではありません。その場に居合わせたB男の友達が、自宅で母親に「B男でも怒ることがあるんだって、すごくびっくりした。いったやつも、びっくりしていた」と話したと、その子のママから聞いて、はじめて知りました。

そのママが「B男くん、A子ちゃんを辱めるような発言が許せなかったんだなあって、ふたごの絆に感動した！　あのB男くんが怒るなんてね」といっていたのを覚えています。

大人になってから、その話をA子にすると「全然知らなかった。B男、自分の胸にだけ収めておいてくれたんだ。その話をそのときに聞かされていたら、すごくショックだったと思う」といっていました。自然に娘を思いやってくれた息子に感謝しました。

一時期は険悪でも……

小学校4年生くらいまでは「大きくなったら結婚しようね」といい合って、親を心配させるくらい仲のよかったふたり。しかし、小学5年生くらいからA子が思春期に入り、イライラするのか、喧嘩をすることが多くなりました。

暴力やいい合いになることはありませんでしたが、お互いのものを隠したり、何もいわずににらんだりと、陰湿と感じるもので、親としては心配で仕方がありません。以前のような仲よしでいてほしいと、祖父母や私たち両親で喧嘩をいちいち仲裁するようなことがよくありました。

しかし今思えば、**ふたりの間のことにはあまり構わず、思い切りいい合ったりできる環境こそが大事だったのではないかと思います。**

結局そのまま中学校入学と同時に、ふたりで話すことはまったくなくなりました。食卓でふたり並んで黙々と食事をする、居間でふたりで黙って同じ番組を見る、ということはするのですが、会話はまったくありません。私たちも「思春期だからしょうがない」と、半ば諦め、この状態が高校3年生まで続くことになります。

状況が変わったのは、大学進学後です。それぞれ県外に出てひとり暮らしをしていましたが、どうやら大学2年生のときくらいから、ふたりで連絡をとり合うようになったようです。

大学を卒業するころには、ふたりでイタリアに卒業旅行に行くほど仲よしに。「周りからカップルに見られて迷惑だった」といいながらも、「お互いに変に気を使うことなく、自分のペースを侵されることもなく快適な旅だった」と、楽しそうな写真が送られてきました。

中高6年間、空白と思われる期間があったにもかかわらず、お互いに自然体でいられるんだ、ふたごってすごい、と感心しました。

ふたごの絆は親が思っている以上に強いです。異性ペアで戸惑うこともあると思いますが、親も、本人たちも、異性ペアであることを楽しんでほしいと思います。

mini コラム

異性ペアのふたご

1日に短時間でよいので、1対1の時間をぜひ持つように工夫してみましょう。それぞれと向き合うようにすると新しく個性や好みが見えてきたり、話をしっかりと聞いたりできます。異性のペアでもお互いを思いやる気持ち（絆）は自然体で強いです。親として、異性ペアの絆を温かく見守っていきましょう。

病気や障がい

ハンディ（病気や障がい）があるとわかったら

誰のせいでも、何のせいでもありません。ここでは、最低限知っておいてほしいポイントに絞って紹介します。

「なぜうちの子が?」と思ったり、「何がいけなかったんだろう?」と自分を責めたりすることもあるでしょう。

しかし、これだけは覚えておいてください。**誰のせいでも、何のせいでもないのです。**

だから自分を責める必要はまったくありません。

どのようなハンディか、どの時期に判明したのかなどによって、具体的にすべきことは異なってきます。そのため、ここでは、ふたご（みつご）にハンディがあるとわかった際に知っておいてほしい、最低限のポイントを紹介します。

①人手を確保しておこう

ハンディの種類はさまざまですが、いずれにおいても「とにかく大変」です。

ふたご（みつご）なので、もうひとり（ふたり）の世話もあり、本当に手が足りません。「子どもがひとりだったら」と思うことも、一度や二度ではないかもしれません。

ふたりとも自閉症のふたごを持つとある先輩ママは「（子どもが）パニックになったとき、抱きしめて耳元で低く小さい声で〝大丈夫だよ〟と声をかければ、落ち着くのはわかっている。けれども、1対1なら対応できるが、ふたりがいっぺんにいます。

誰かや何かを責める必要はない

「つらい妊娠期を経て出産したら、赤ちゃんにハンディがあると知った」「育児をする中で育てにくさを感じたり、違和感を覚えたりしており、検査などを通じてハンディがあるとわかった」など、子どものハンディを知るタイミングは、人によってさまざまです。しかしいずれにおいても、「ショックを受け、目の前が真っ暗になって何をいわれたか覚えていない」という方が少なくありません。本当にそうなのだろうと思います。

パニックになったときはお手上げ。また、ひとりがパニックになると、その刺激でもうひとりもパニックになってしまう」といっていました。

ただでさえ、ふたごの子育てには協力者の確保が不可欠です。常に人手を確保しましょう。

②気になったことは病院にしつこく聞こう

出産からしばらく経ってからハンディがわかったママは、どの方も「何となく違和感があった」といっています。**気になったことはその場で納得するまで医師や助産師に聞くことが大切です。**

後から「もっと早く知りたかった」「もっと早く何かできたのでは？」と後悔を残さないためにも、疑問や気になることがあれば遠慮なく聞きましょう。

③制度や支援を調べて利用しよう

使えるサービスを見逃さず使いましょう。役所でどんなことに困っているのかを話し、何が使えるのかを徹底的に聞きましょう。

役所では具体的に困っている場面を伝えて、そういうときに使えるサービスはないか尋ねるのがおすすめです。

場合によっては、受給者証のようなものの発行が必要だったり、医師の指示や診断書が必要だったりします。わかりづらかったり申請に時間がかかったりすることもあるため、よく確認をしましょう。

④支援者を調べてつながっておこう

制度や支援だけに限らず、「支援をしてくれる人」も把握し、つながっておきましょう。いざというとき、頼りになります。

⑤いろいろな体験をさせよう

先輩ママたちが声を揃えていうのが、「ハンディ児ほどさまざまな体験をさせたほうがいい」ということです。

ハンディがあると外出がしづらく、どうしても経験不足になりがちです。生活の中で自然に身につく経験が不足しがちなため、親がセッティングしてあげる必要が出てきます。そうした経験は、将来的な子どもの自立にも不可欠です。**地域のイベントや行事などには、積極的に家族で参加してみましょう。**

その際、「ハンディがある」という理由で遠慮をしないことが大切です。「ダメ元で申し込む」と案外受け入れてもらえます。

例えば、「車椅子テニスの体験に〝本物の車椅子なんですけどいいですか？〟と申し込んだらやらせてもらえて、スタッフの人に誘われて、そこから車椅子テニスを続けている。本人の楽しみがひとつ増えてうれしいし、本人の人間関係が広がった」といっていたママもいました。

⑥きょうだい児との時間をとろう

ふたご（みつご）の片方がハンディ児の場合、どうしても健常児であるきょうだい児も、経験が不足したり、親と触れ合う時間が少なくなったりしてしまいます。それは仕方がないことなのですが、少し気をつけて、**きょうだい児には積極的に声をかけたり、スキンシップをしたりするとよいでしょう。**

例えば、ママが、きょうだい児とふたりきりでお風呂に入ったり、ときにはふたりだけでお出かけをしたり。きょうだい児との1対1の時間をとることが大切です。

そのためにも、積極的に社会資源を活用しましょう。例えば、デイサービスを利用している間にきょうだい児とお出かけするなど、工夫次第で時間が確保できるかもしれません。

⑦親の世界を広げよう

「親自身もさまざまな社会活動に参加して人間関係を広げたり、視野を広げたりすることが何よりも大切かもしれない」と多くの先輩ママが語ります。

例えば子ども会でお泊まり会を計画した際、健常児だけでなく、ハンディ児も参加できるように自分で計画を立てたことで、ハンディのあるわが子にお泊まり会を体験させられたばかりか、「ほかの子どもたちもハンディを持った子との接し方を学ぶことができた」と、ほかの保護者から感謝されたといったケースもあります。

社会活動をしていると、たくさんの情報が入ってきます。

また、社会活動によってたくさんの人とつながっていると、その人たちからまた有益な情報が入ってくることもあります。「そういった面ではふたごでよかったと思うし、親の人間関係の広さが子どものチャンスの多さになると思う」というママもいました。

多くの人とのかかわりは、さまざまな体験につながります。社会の中、地域の中で育てるということが、ハンディを持った子ほど大切になってくるのかもしれません。

⑧夫婦仲を大切にしよう

わが子のことを一緒に自分ごととして考えられるのは、あなたとあなたのパートナーです。そしてそれだけに、子どものハンディは、夫婦にとっても大きなストレスになりがちです。いちばん身近な人に当たってしまうこともあるでしょうし、子育てのやり方で揉めることもあるでしょう。

でも、**わが子を大事に思う気持ちは同じ。**その気持ちがすれ違わないように、夫婦で何事も相談したり気持ちを正直に伝えたりしながら、手をとり合って乗り越えていきましょう。

⑨声を上げよう、仲間とつながろう

まだまだ支援が足りなかったり、制度が整っていなかったり、不便に気づいたり、「こんなことがあったらな」と思ったりしたら、ぜひ声を上げて、伝えるようにしてください。

とはいえ、ひとりで声を上げるのは大変です。であれば、同じような立場の人とつながりましょう。

例えば「手をつなぐネットワーク」という、ふたごの片方または両方にハンディがある子を持つ親子の集まりがあります。

手をつなぐネットワーク

ほかにも、各疾患や特性によっては、自助グループや親の会といわれるものがあります。最近はオンラインでのつながりも増えてきました。**近い境遇にある人とのつながりは、情報だけでなく、安心感も得られます。**ぜひ調べてみましょう。

⑩あなた自身の心と体を大切にしよう

ハンディのある子を育てるのは本当に大変です。心にも体にもストレスがかかり、ダメージを受けることがあります。頑張りすぎて、平気なつもりでも、いつの間にか心や体が蝕まれていることも珍しくありません。**少しでも不調を感じたら、ためらわず受診しましょう。**あなた自身の心と体を大切にしてください。

⑪やっぱりお金は貯めましょう

お子さんの自立がむずかしかった場合など、将来、大きなお金が必要になることもあるかもしれません。

もちろんお金がすべてではありませんが、お金で解決できる課題もあります。

いくらあっても困らないのがお金。お金は貯めましょう。

「働くのはむずかしい」と思ってしまうかもしれませんが、就学年齢になれば放課後デイなどのサービスを使うことで、長時間働くことも可能になります。社会資源を活用することを考えてみましょう。

また、特別児童扶養手当や、「障害者手帳」を取得していることによる税金の控除、公共交通機関の割引なども活用できるとよいでしょう。

人生にはときとして不便が訪れますが、しかし、だからといって不幸になるとは限りません。

さまざまな人とつながりながら、あなた自身の人生を豊かに楽しんでください。

Column 5

「悔しいけどうれしい！」ふたごの競争心

競争心はプラスにもマイナスにも働く

よくいわれることですが、ふたごにはお互いに張り合う、競争心のようなものがある場合があります。学校の成績でもスポーツでもそうです。特に能力差の少ない一卵性の場合、能力差がないだけに、はたから見ているとハラハラするほど競い合うことがあります。

そうした場合、競い合うことで上達が早かったり、到達点が高くなったりすることもあるようです。しかし他方で、当然そこには勝ち負けも生じます。

子どもたちが同じ習い事などを「○○ちゃんがやるなら僕（私）もやる」と、あまり考えないでやりたがっているようならば、先に待ち構えているかもしれない現実を伝えてあげてください。

もちろん、最終的な決定・判断はふたごたちを信じて、ふたりに任せたらいいと思います。習い事やクラブ選びは、長い人生に待ち受けているさらにむずかしい選択の予行演習のようなものです。ママとパパが本人たちの意思を尊重し、どーんと大きく構えて見守ってくれていれば、ふたごも安心して決められると思います。

悔しさとうれしさの間で成長していく

ふたごでスキーの複合競技のトップ選手だった荻原兄弟の次晴さんは、あるレースで健司さんに最後に抜かされたとき「最後の最後でやられた悔しさと、それでも抜かれたのが健司でよかったかなぁという気持ち」を持ったと述べています。ある意味、「悔しいけどうれしい」です。ふたごの複雑な気持ちをよく表していると思います。

ふたごは、自分が負けて悔しい一方で、もうひとりが勝ったこと、頑張ったことはうれしいのです。逆の立場でいえば、勝ったほうは自分が勝ったことはうれしいけれど、相手が負けたことは悔しいという「うれしいけど悔しい」になるわけです。

基本的に、ふたごは時期によって同じことをやりたがったり違うことをやりたがったりしながら、お互いに個性を伸ばしていきます。そして、さまざまな活動分野や生活場面において、ある分野では同じことをし、別の分野では違うことをしながら、上手にすみ分けを学んでいくのです。

6

章

制度やサービス・暮らしの支え

ここでは、ふたごの育児を支えてくれる、さまざまな情報を紹介します。
ふたご育児の大原則は、
「利用できるものは利用し、頼れるものには頼る」です！
はじめは躊躇してしまうかもしれませんが、
安心して利用してみてください。

社会資源

多胎妊娠がわかったら利用したい制度やサービス

頼れる人には頼り、利用できるものは利用することが、家族の幸せにつながります。躊躇せず、遠慮せず、活用していきましょう。

妊娠が判明したら制度などを早めに調べる

ふたごやみつごの育児で大切になるのは、家族だけで頑張らずに、妊娠生活や育児を支援する制度やサービスを大いに利用することです。

「自分が利用してよいのだろうか？」と利用を躊躇したり、周囲に協力を求めづらいと感じてしまったりすることもあるかもしれません。しかし、これらの利用は心に余裕をつくり、最終的には子どもたちや家族の幸せにつながります。

また妊娠中は産後の生活のイメージがつきにくく、「産まれたら何とかなる」と思いがちです。しかし、**実際のふたごの育児が始まると、制度やサービスを調べる時間や余力もなく、利用まで手が回らないこともあります。**

比較的に時間のある妊娠中に、お住まいの地域で利用できる制度やサービスの情報を、母子健康手帳交付時にもらった資料や市区町村のホームページ、見学などで調べておきましょう。

ここでは一部を紹介しますが、自治体によっては名称や内容が異なることがあり、また、内容が変更されている場合もあるため、詳しくは自治体の保健師に確認してください。

まずは母子健康手帳の交付

多胎の妊娠の診断がついたら、産婦人科などの医療施設で妊娠届出書を発行してもらい、自治体の窓口や保健センターに提出します。受付については自治体ごとに窓口が異なるので、ホームページで確認するとよいでしょう。

母子健康手帳交付の際には、保健師が面接することになっています。保健師には、多胎妊娠についてわからないことや出産してからの育児の支援など、何でも相談できるので、活用したい社会資源のひとつです。

産後ケア・産前産後サポート事業

自治体によっては、産前から支援の必要な家庭にヘルパーを派遣している事業もあります。

また、産後ケア事業は近年充実してきており、さまざまなサービスがあります。**産後ケアも利用できるサービスや利用の方法を妊娠期から知っておくとよいです。**

多胎家庭に特化した制度やサービスを展開する自治体もあるので、お住まいの自治体がどんな制度を設けているか調べてみましょう。

困りごとがあったら妊婦相談・訪問事業

すべての妊婦さんは、困りごとや心配ごとがあれば、自治体の保健師に相談することができます。

特に多胎妊婦さんは支援が必要です。体調などの都合で役所まで出向けないときなどは、訪問してもらうこともできます。

働くママも安心な産前産後休暇

労働基準法に定められている産前産後休暇（産休）は、通常、原則として産前6週間・産後8週間の休暇を取得することが可能です。これが、多胎妊婦の場合、産前休暇は予定日の14週前（妊娠26週）から取得できます。

体調不良や入院などあるので、多胎妊娠であることは、職場にはできるだけ早く伝え、理解を求めるようにしましょう。

母性健康管理指導事項連絡カード

母性健康管理指導事項連絡カードは、主治医などが行った指導事項の内容を、妊産婦である女性労働者から事業主へ的確に伝えるためのカードです。

多胎妊婦はハイリスク妊娠として位置づけられているため、勤務についても時差通勤や休息時間の延長、軽作業への転換など、必要な内容を医師に書いてもらって職場に提出することで、必要な措置を受けることができます。

もし「業務を変えてほしい」「配置を変えてほしい」などの相談を職場にしづらいようであれば、医師にこのカードの発行をお願いしてみるとよいでしょう。

社会資源

赤ちゃんたちが生まれたら利用したい制度やサービス

実際に利用することがなくとも、利用できる制度やサービスを把握しておくことは、心の余裕にもつながります。

利用料は「必要経費」と割り切る

公的サービスは行政からの補助があるものの、それでも有料のものも多く、金銭的に負担が生じます。

しかし、育児が始まってからのストレスは想像以上に蓄積していきます。子どもたちがある程度大きくなるまでは、**ママの心と体を休めるための一時的な必要経費と割り切って、育児支援サービスを積極的に使いましょう。**

多胎児の場合は利用上限時間数が多く設定されていたり、経済的負担を軽減する特別な措置があったりと、配慮がされているサービスもあります。

公的子育て支援などの情報を得る方法には、インターネットで市町村のホームページを検索するほか、市区町村が定期的に発行している広報誌をチェックする方法などがあります。地域の子育て支援に関する情報がタイムリーに掲載されていますので、ぜひ目を通してみましょう。

子育て支援の拠点となっている施設

子ども家庭支援センター／子育て世代包括支援センター

自治体や地域によって呼び名が異

mini コラム

地域全体で子育てを支える

現在、子育て支援制度や社会資源がさまざま整備されつつあり、子育て中の家族を地域全体で支えていこうという意識が形成されてきています。子育ては母親や父親だけで行うものではありません。ひとりで頑張ろうとせず、今ある社会資源をよく知り、あなたが必要とする支援を見つけてください。そしてそれらを賢く利用しましょう。

なります。保健師や保育士がさまざまな相談に対応しており、気軽に悩みを相談できるほか、地域の子育てに関する情報も多く得られます。

親と子がともに遊び、交流するための場も提供しており、支援者がいるので複数の赤ちゃんを安心して遊ばせることができる場所です。**外出しづらい多胎児のママにとっては、よい気分転換の場となるでしょう。**

保健センター

保健師を中心に、健康に携わる職員が常駐する場所です。赤ちゃんの成長の節目で行う新生児訪問や健康診査（3～4カ月健診、1歳半健診、3歳児健診）を実施するほか、育児相談、離乳食教室、歯科検診など、子育てに関するさまざまな相談、新生児訪問や赤ちゃん訪問などの家庭訪問を実施しています。

児童発達支援センター

障がい児と家族のための相談対応や療育など、総合的な支援をしています。地域によって呼び名が多少異なります。

療育とは、障がいがある子が大人になったとき、社会で自立して生きられるように、知識や技能、動作を学び、集団生活に適応できるように訓練を行い、発達を促す取り組みです。身体障がい、知的障がい、精神障がい（発達障がい含む）のいずれかがあって、児童相談所、保健センター、医師などにより療育の必要性を認められた子どもを対象にしています。

産後の母子を対象としたケアを行う事業

産後ケア事業

出産後1年以内の、体調が優れない、育児に強い不安がある、家族の手助けがなくて不安、そんなママに対し、助産師や保健師がケアを提供します。ママのケア（授乳ケアなど）、赤ちゃんのケア（健康状態のチェック）、沐浴の相談や指導、育児相談などを行います。実施方法には次の3種類があり、有料です。

短期入所（ショートステイ）型は、病院、診療所、助産所などに入所してケアを受けます。利用期間は原則7日間以内です。

通所（デイサービス）型は、病院、診療所、助産所、保健センターなどに出かけてケアを受けます。

居宅訪問（アウトリーチ）型は、助産師などが自宅を訪問してくれます。自宅で保健指導、ケアを受けることができます。

訪問による子育て支援

新生児訪問、赤ちゃん訪問、低体重児訪問

自治体の助産師や保健師が赤ちゃんのいる家庭を訪問して、ママと赤ちゃんの健康状態の確認や子育ての助言、社会資源の紹介などをしてくれます。新生児訪問は新生児家庭、

赤ちゃん訪問は生後4カ月までの赤ちゃんがいる家庭、低体重児訪問は体重が2000g以下または発育が未熟な状態で出生・入院した赤ちゃんが対象です。

訪問看護

主治医の指示により、訪問看護ステーションなどから看護の専門職が訪問して、ママや子どもの健康状態の観察や回復のためのケアをサポートしてくれます。費用は医療保険、自立支援医療、乳幼児医療が適用されます。利用したい場合は主治医に相談しましょう。

相談ごとがあるときに利用したい制度

産後サポート事業
（産前・産後サポート事業）

妊娠・出産、子育てに関する悩みなどを聞き、支援してくれる制度です。ただし、家事支援や専門的知識を要する相談は除きます。

担当するのは母子保健推進員、愛育班員、研修を受けた子育て経験者、シニア世代、保健師、助産師、看護師、保育士、栄養士などです。アウトリーチ型（訪問、電話相談、メール相談）、デイサービス型（個別型、集団型）があります。基本的に利用料はかかりません。

訪問育児サポーター

地域の子育て経験者が家庭訪問をして、新生児の世話、上の子どもの保育、育児などに関する相談対応および助言をします。なかなか外に出られず孤独を感じている、誰かに話を聞いてもらいたいときなどに利用可能なサービスです。

多胎ピアサポート事業

ふたごの育児経験者がピアサポーターとなって、多胎家族との交流会を設けたり、家庭訪問や相談支援などを行ったりしてくれる制度です。

多胎妊婦が入院する病院への訪問、多胎妊産婦への家庭訪問などが主な支援となっています。

公的支援として行う自治体はまだ少なく、地域の多胎支援組織が行っているものもあります。

自宅での子どもの一時預かり

数時間、1日単位で子どもを預けられるサービスです。保護者が就労していなくても利用できます。

施設によって受け入れる子どもの年齢・保育の時間帯・利用料金・申し込み方法などが異なります。実施施設の例を紹介します。

ファミリー・サポート・センター

育児のお手伝いをしてほしい方と育児のお手伝いをしたい方とがそれぞれ会員となり、子育てをする活動です。学校行事、外出時などに子どもを自宅で見てくれます。料金は自治体によって異なりますが、比較的安くサービスが受けられます。

利用にあたっては、住んでいる自治体の会員登録が必要となるので、妊娠中に登録しておくとよいでしょう。

ベビーシッター利用支援事業

病気などで保育園を利用できないときや、子どもの預け先がないときなど、日常生活上の突発的な事情やリフレッシュなどの目的により一時的に保育が必要となった保護者に対し、ベビーシッターによる保育サービスを受けた際の利用料の一部を助成します。承認事業主に雇用されている労働者が利用時に会社に申請をすることで助成が受けられます。

一時預かり事業（居宅訪問型）

利用者の自宅で預かりを行います。対象となる児童は障がいや疾病などで集団保育が著しく困難である場合、ひとり親家庭などで、保護者が一時的に夜間および就労などを行う場合、離島その他の地域において、保護者が一時的に就労などを行う場合です。

自宅以外での一時預かり

保育所、幼稚園、認定こども園での一時預かり

保護者の日常生活上の突発的な用事や保護者の育児疲れによる負担を軽減するため、保育の必要のある乳幼児を、昼間の時間帯に認定こども園や保育園などで一時的に預かるサービスです。**保育所などを利用していない家庭でも利用できます。**

ショートステイ

保護者の病気や仕事などで、一時的に家庭で養育が困難になり、宿泊または日帰りの保育が必要になったときに、施設で子どもを預かる事業です。

トワイライトステイ

保護者の仕事の都合により、夕方から夜間にかけて家庭で子どもの保育ができないときに、施設で数時間子どもを預かる事業です。

利用料金とは別に、送迎料がかかりますが、保育園や小学校と施設の送迎を依頼することも可能です。

病児保育・病後児保育

保育園に通っている子どもが病気になってしまった場合、仕事を休め

パパにできること

“制度やサービスを知っておく”

ふたご育児は「無理すれば、頑張ればできる」というものではありません。ママの表情が暗くなる前に、社会資源を使うことを夫婦で話し合い、地域にあるサービスを積極的に利用するようにしましょう。地域で使える制度やサービスを出産前に調べておく、出産前に申請ができるものがあれば申請しておくなどは、パパに頑張っていただきたいことです。

ない保護者に替わって子どものケアをしてくれます。「病児対応型・病後児対応型」「体調不良児対応型」と「訪問型」に分けられます。

体調不良児対応型は、保育中の体調不良児を、保護者が迎えにくるまでの間一時的に預かる支援です。医療機関に併設されている病児保育施設には医師、看護師など専門家が配置されています。訪問型病児保育は看護師、保育士などの専門スタッフが自宅に訪問し、子どもの面倒を見てもらえるサービスです。利用には事前の登録や予約、面接といった準備が必要になります。

こども誰でも通園制度（仮称）

保護者が働いているかどうかに関係なく、時間単位で子どもを保育所に預けられる制度「こども誰でも通園制度（仮称）」が令和6年度から150程度の自治体でモデル事業として始まり、令和8年度から全国の自治体で実施予定です。「この日に少しだけ預かってほしい」という利用が可能になります。

家事や育児を手伝ってもらう

産前産後家事・育児支援サービス

産前産後支援ヘルパー、育児支援ヘルパーともいいます。妊娠中や出産直後に、自宅にホームヘルパーが訪問し、日常の家事や育児、つき添い、兄・姉のお世話、送迎などの支援を行う有料のサービスです。支援内容や利用料金については自治体ごとに詳細が異なります。

多胎児の場合には利用期間や回数が考慮されている場合もあるため、各自治体に確認しましょう。

多胎妊産婦等サポーター等事業

多胎妊婦やふたご家庭のもとへ育児サポーターを派遣し、外出時の補助や、日常の育児に関する介助、家事援助、不安や孤立感に対応した相談支援を行ってくれる制度です。サポーターは、専門職ではない子育て経験者（ふたごの育児経験者に限らない）やシニア世代が想定されています。

親子でリフレッシュできる場所の提供

子育てひろば（つどいのひろば）

就学前の子どもと保護者が気軽につどい、育児について語り合う場です。保育士などに育児相談もできるようになっています。**多胎児のつどう日が設定されているひろばもあります。**

保育園や幼稚園、児童館などで行われ、地域の子育て支援情報の提供や、子育てに関する講座、子どもと保護者が楽しめるイベントなども開催しています。

多胎サークル・多胎児のつどい

地域には、多胎児の母子がつどう交流の場が設けられていることがあります。自主サークルや、子育て支援センター、つどいのひろば、保健センターなど、運営者はさまざまです。おしゃべり会や季節の行事、ピクニックなど、仲間を得てふたごの育児ならではの不安や悩み、工夫、情報を共有できるほか、年長児の様子から育児の見通しを持つことができます。

公的支援以外の家事育児支援

ホームスタートの訪問活動

未就学児がいる家庭に、地域の子育て経験者が無償で訪問します。週に1回、2時間程度、2〜3カ月間程度訪問し、話を聞いたり、育児家事や外出を一緒にしたりといった活動をしています。

多胎児、子どもに病気や障がいがある、経済的に余裕がないなど、子育てひろばや相談窓口に出かけることが困難な家庭も、誰もが気軽に利用できる訪問型の子育て支援です。

その他の家事育児支援

シルバー人材センター、生活協同組合（コープ）、社会福祉協議会のボランティアセンター、NPO法人、ドゥーラ協会、民間が行っている家事育児支援などがあります。

先輩ママ・パパの声

うちのふたごの場合

出産後

産後ケアはおすすめ

産後ケアの宿泊を利用し、同時抱きや同時授乳のサポートを受け、とても参考になりました。寝不足で心身ともに限界でしたが、子どもたちを見てもらい、ゆっくり休息をとることができました。

サービス

使えるものは使おう

金銭的な負担があるけれど、「大変な時期は今だけ、終わりがある」と思い、使えるサービスはどんどん使いました。さまざまな方に支えられ、人見知りしないふたごになりました。

仲間

多胎育児サークルに参加

多胎の集まりに参加してふたごのママ友ができ、とてもよい影響を受けました。妊娠・出産・育児で孤立感を感じていましたが、こんなにたくさん仲間がいたんだ！と心強くなりました。

支出と収入

ふたご家庭における家計管理と資産形成

家族の人数が多ければ、それだけ支出も増えます。家計管理の基本を早い段階で押さえておきましょう。

軽視できない「同時支出」の負担

ふたご家庭には、哺乳瓶などを通常より多めに買う必要がある、〝上の子のおさがり〟を利用できないなど、独自の負担が存在します。そしてこの**「同時支出」による支払いの高額化は、家計に長期的な影響をもたらすため、ふたご家庭の家計管理は少しだけ注意が必要です。**

その前に、まずは一般的な家計管理について確認しましょう。「①ライフプランをつくる」「②家計簿をつける」「③常に支出を意識する」の3つが出発点です。

一般的な家計管理①ライフプランをつくる

ライフプランとは本来は人生設計のことですが、家計管理においては将来にわたる支出・貯蓄の予定や、計画を指します。働いている方の生涯収入は、それほど大きく変動するものではありません。その**生涯収入を前提に、「ライフプラン」と「キャッシュフロー表」（支払い用資金の管理計画）を作成しましょう。**

一般的な家計管理②家計簿をつける

家計簿は厳密な会計帳簿ではありません。**家計の動向を自身で確認するツールであって、日常の支出動向を把握できれば十分です。**

例えばスーパーでの支払いは、高額な商品が入っていなければ、洗剤なども一括して「食費」に分類しても大丈夫です。また、後日に自分で確認さえできれば問題ないため、普段は買わないもの（フライパンなど）を買ったときなどは、極端な話ですが、目立つように「レジャー費」の項目で計上しても構わないのです。〝なぜ支払いが多くなったのか〟が自分でわかるように、簡潔に記録しましょう。

また家計簿には、月次の支出動向だけではなく、家庭の資産構成を明確にする役割もあります。いくら貯蓄できているのか、どんな形で貯蓄しているのかを「見える化」する家計管理をしましょう。表計算ソフトやスマホの家計簿アプリが便利です。有料の家計簿アプリの場合、ファイナンシャル・プランナー（FP）さんに無料相談ができるものもあります。積極的に活用しましょう。

一般的な家計管理③ 支出を意識する

家計簿はつけるだけではなく、日常的に見返して支出を振り返る習慣をつけましょう。

例えば、ダイエット中は体重を毎日チェックするはずです。「昨日も体重計に乗ったから今日はいいや」「体重の計測は月に一度で十分だ」などの思考は、失敗の原因になります。家計簿も同じです。

日々、振り返りや反省、見直しを行うことで、これまでは見えていなかった無駄や節約ポイントなどが見えてきます。結果として、家計が洗練されていくのです。

資産形成とふたご家庭の出費

ここからは、基本的な家計管理を踏まえて、ふたご家庭の資産形成について考えましょう。

「資産形成」の基本は、運用益とリスクのある金融資産と預貯金のバランスを整えることです。どんなバランスであっても、基本的には自身が具体的に検討した結果であれば問題ありません。しかし無計画な資産保有は、しばしば後悔の原因となります。

例えば、現金化が大変な資産の割合が高かった場合について考えてみましょう。

急な支出が発生した際、ふたご家庭はその他の家庭と比較して、子どもの人数によって2倍・3倍の現金が必要になる場合があります。ひとり分ならば対応できるかもしれませんが、複数人分の同時支出は預貯金だけでは不足し、元本割れしていても金融資産を取り崩さねばならないというリスクが高くなります。

そのため、1回あたりの支払い額が高額になるふたご家庭は、**比較的現金化しやすい資産（普通預金など）の割合を多めにする必要があります。**つまり、高利回り資産の保有難易度が上がるため、長期的な資産形成（貯蓄形成）が困難になりがちなのです。

ふたご家庭は、ライフプランと日々の家計簿（資金の出納）にもとづいたキャッシュフロー表を強く意識しなければなりません。しかし、完璧を意識しすぎて、日常を台無しにしては本末転倒です。大変なときはFPさんや保険見直しの店舗などを頼ることも考えてみてください。

大切なのは、日々の暮らしの充実と長期的な安心の両立です。家計簿と仲よくつき合っていきましょう。

社会資源

社会保障制度を有効的に活用しよう

全国で導入されているものから、地方自治体による独自の制度まで、ふたご家庭が知っておきたい制度を紹介します。

社会保障制度は国民の権利

社会保障といわれるとむずかしく感じてしまいがちですが、**所得の保障に加え、医療的な保障、社会福祉サービスなどから成り立つ〝国民の権利〟と考えれば問題ありません。**

とはいえ、制度政策はその時代や政権において逐次変更される場合があります。また、新しい制度がつくられたり、既存の政策が改正されたり、一部自治体のみで実施されていたりということもあります。

したがって、不明点や該当するかどうかわからない場合は、居住地域の自治体担当者などへ確かめる、という行動も忘れずにしましょう。

ここではまず、ふたご家庭に特に必要とされるのではないかと思われる、妊娠期から出産にかけての社会的な制度や政策の一部をご紹介します（令和5年11月時点）。

妊娠期に役立つ制度・政策

多胎妊娠の妊婦健康診査支援事業

ふたごやみつごを妊娠している妊婦へ妊婦健康診査の受診にかかる費用を助成する事業です。**どうしても健診回数が多くなる多胎妊娠においての受診が、自治体により最大5回（金額上限あり）まで助成されます。**

実施されている自治体や実施回数は市町村により異なるので、居住地域の実施状況を確認しましょう。

妊娠期・産後に役立つ制度・政策

産前産後休業・育児休業期間中の社会保険料免除

多胎の出産予定日より98日（単胎児妊娠の場合は42日）以前から出産の日以後56日までの間で、妊娠・または出産を理由として労務に従事しなかった期間の健康保険・厚生年金保険の保険料は、事業主も被保険者も免除されます。また、満3歳未満の子を養育するための育児休業期間も同様です。

事業主が日本年金機構へ申請する必要があるので、勤務先へ確認しましょう。

また、自営業者などの国民年金第1号被保険者も、多胎の妊娠出産の場合は出産予定日（または出産日）の3カ月前の日から6カ月間（単胎児の場合は出産予定日または出産日がある月の前月から4カ月間）、国民健康保険料が免除されます。

出産・子育て応援交付金

令和5年から始まった制度です。妊娠届出時と出生届出時にそれぞれ5万円相当（計10万円相当）の経済的支援が受けられます。

妊娠届時には妊婦あたり5万円となっていますが、出生届時には子どもひとりあたり5万円相当となっているため、ふたごの場合には10万円相当、みつごの場合には15万円相当の支援を受けることが可能です。

受け取るためには申請が必要となるため、居住地域の実施状況を確認しましょう。

高額医療費制度

帝王切開の出産などで1カ月の健康保険が適用される医療費が自己負担上限額（年齢および所得状況により異なります）を超えた場合は、高額療養費制度を申請しましょう。すべてではありませんが、**ふたごやみつごの多くは帝王切開での出産となるので、準備をしておくと安心です。**

これは一定の上限額を超えた場合、その超えた額が後から支給される制度で、申請期限は診療を受けた月の翌月の初日から2年間です。

しかし、後から払い戻されるとしても、一時的な支払いが負担だという場合もあるでしょう。そうした場合、事前に「限度額適用認定証」を取得しておきましょう。支払い時に認定証を提示することで、窓口で支払う額を上限額内に抑えることができます。

この認定証は、全国健康保険協会の各都道府県支部に申請することや、国民健康保険であれば、自治体窓口に申請手続きを行うことで交付されます。

産後に役立つ制度・政策

出産育児一時金

出産育児一時金は、加入している公的な医療保険（健康保険、国民健康保険）から一定の金額が支給される制度です。出産や出産前後の入院費などをまかなうために使います。**専業主婦、働くママ、出産を機に退職したママ、個人事業主のママ、誰もが受給対象です。**

赤ちゃんひとりにつき50万円（産科医療補償制度に加入されていない医療機関などで出産した場合や妊娠週数22週未満で出産した場合は

48・8万円）の支給になるので、ふたごなら100万円、みつごなら150万円を受給できます。

申請方法は「直接支払制度」「受取代理制度」「直接申請」の3通りです。直接支払制度ができない病院や、クレジットカードの支払いでポイントを考える場合など、適宜家計状況に合わせて支払い方法を病院や家族と話し合いましょう。なお、万が一死産・流産になってしまったとしても、妊娠12週以降であれば受給することができます。

医療費控除

12月31日までの医療費が一世帯で10万円（総所得金額等が200万円未満の人は総所得金額等の5％）を超えていた場合、医療費の控除を受けられます。確定申告の際に医療費控除の申告を行うことで、還付金を受け取ることができます。

この申告のためにも、妊娠期間における医療費の領収書は、家族全員分きちんとまとめておくことようにしてください。ただし、民間の保険会社が販売する医療保険である入院や手術に関する給付金などを受け取っている場合は、その分を差し引いて計算する必要があるので注意しましょう。

これに関連して、ふたごやみつごの多くが帝王切開となることを考慮すると、加入済み、もしくは新しく加入する予定の民間保険会社規約を確認しておきましょう。

児童手当

ふたご家庭にとって、国からの直接的な経済支援はこの児童手当が主力として該当します。ふたご家庭に特化したものではなく、所得限度額もありますが、同時にふたり分・3人分の費用がかかる世帯ですから、忘れずに申請しましょう。

現行制度では、子どもが中学校卒業（15歳の誕生日を迎えてから最初の3月31日）までの間、毎年6月、10月、2月の年3回に分けて1万〜1万5000円が支給されます。3歳未満ならひとりあたり1万5000円、3歳以上〜中学生では1万円が支給されます（所得に応じて上限限度額があります）。ただし、第3子以降については、3歳〜小学校修了前までの支給額も1万5000円になります。

受け取るためには、現住所の市区町村に「認定請求書」を提出する必要があるので、可能な限り早めに申請しましょう。市区町村の認定を受ければ、原則として申請した月の翌月分の手当から受給可能です。

児童手当の金額や給付方法については政権により変更される可能性があるので、適宜確認してください。

自治体によっては独自の制度もある

このように、国が主導し、基本的な事業を構築する社会福祉制度がある一方、**地方自治体によっては、支**

援者・当事者が連携したふたご家庭向けの支援制度が設けられている場合もあります。

例えば、岐阜県は「多胎児家族サポート事業」として、岐阜県がNPO法人ぎふ多胎ネット（以下「多胎ネット」は地域の民間多胎育児支援団体を指します）へ委託し、妊娠期から切れ目のない伴走型の支援事業を行っています。岐阜県内にて母子健康手帳が交付された後、同意のもと、妊婦ひとりに対してひとりのピアサポーターが担当につき、妊娠中の相談から出産後の困りごとを継続して支援する仕組みが整っているのです。

このような心理的、社会的サポートを長期間行う支援のほかにも、経済的な支援を設けている自治体もあります。

例えば兵庫県では、「ふたご家庭に対する外出環境支援事業」という、兵庫県内に在住するふたご妊娠中の家庭、および3歳未満のふたごを育てている家庭に対し、上限を2万円として（1000円未満切り捨て）ツインベビーカーやチャイルドシート、ふたり乗せ用自転車の購入に補助が出る仕組みを設けています（予算上限あり、いずれか1種類のみ補助対象）。なお、この申請に関しての相談や申請書類のサポートをひょうご多胎ネットが行っています。

さらに、県のみならず、**市区町村においても独自の政策を行っている地域が徐々に増えてきました。**

例えば、福岡県久留米市は、岐阜県と同様に「多胎妊産婦マイサポーター事業」をツインズクラブ（久留米市を対象とした民間多胎育児支援団体）へ委託し、担当のピアサポーターが訪問支援や外出支援を妊娠期から継続して行っています。

このような施策が行われる背景には、家族だけの育児にならないように、社会的に孤立しないようにと、少子化だからこそ子育てに対する社会の関心が高まってきたことが理由として挙げられます。そして、ふたごやみつごを育てる家庭においては、より一層の地域における社会福祉の充実が欠かせないという視点も同時に浸透してきたことから、こうした支援が構築されてきたともいえるのです。

経済や、社会情勢などにより制度政策は変化する可能性がありますが、ふたご・みつごの育児そのものは変化せず、いつの時代においても経済的、社会的、物理的に多様な支援が必要になるものです。居住地域にはどのような子育て支援策や社会福祉の取り組みが構築されているのか、地域のコミュニティをつくる一員としての目も持ちながら、定期的に確認してみましょう。

働くママ

ふたご・みつごママの復職体験談

復職にあたり、多胎児ならではの注意点はあるのでしょうか？ふたご育児中の先輩ママの体験談を紹介します。

職場復帰するまでふたごママの体験談

ふたごが生まれた8週間後から、1年間の育児休暇が始まりました。最初はとにかく忙しく、子どもたちの世話に追われ、仕事のことは考えられません。実際に職場復帰のために保活（116ページ参照）を始められたのは、子どもたちが7カ月を過ぎたころからでした。

最初は保育園や認証保育園、病後児保育園に見学に行くことからスタート。同時に、病児保育が可能なベビーシッター会社を調べるといった情報収集も行っていました。いざというときに頼れる先を増やしておかないと、働きに出るのは無理だとわかっていたからです。

子どもたちが9カ月になったころ、先輩ふたごママからの勧めで、**ふたごを連れて会社にごあいさつに行きました。**実際にふたりの様子を見たことで、復職後は定時に帰宅するよう声かけをしてくれるなど、周囲の眼差しも温かくなったように思います。

そしてついに、保育園が決定。本当は同じ保育園に通わせたかったのですが、ふたりは別々の保育園に入園が決まりました。

制度を利用し時短勤務からの復帰

いよいよ職場復帰です。最初は短時間勤務制度を利用し、6時間の勤務からスタートしました。

朝の登園は、自宅近くの園に通園する子を夫が、バスを利用する園の子を私が担当することに。お迎えは、時短勤務の私がふたりをピックアップすることになりました。

朝は、ひとりがうんちをしたのでおむつを替えているともうひとりがうんちをする……といったように、とても時間がかかります。子どもたちの支度と自分の支度で2時間はあっという間に過ぎてしまいます。

また、子どもを預けた後も、出産前の通りとはいきません。例えば、お昼ごろには私のお乳も張ってきます。復職のために卒乳するご家庭もあるようですが、私の場合、卒乳は終わっていなかったので、お手洗いで搾乳したこともありました。慌ただしい日々でしたが、昼休みには、ご飯をゆっくり食べることができ、うれしいひとときでもありました。

また、急なお迎えが発生することも。入園から半年ごろまで、ふたりはよく病気にかかり、園を長期でお休みすることが多くありました。**急な発熱などで、園からのお迎えが必要になった際、誰がお迎えに行くのかは夫婦の大きな課題になります。**最近はアプリなどを利用して、お互いの仕事のスケジュールを「見える化」し、「パートナーは会議中なので、自分がお迎えに行こう」といった役割分担をしているご家庭もあります。自分たちに合った方法を探してみてください。

職場復帰の注意事項

令和4年度からは段階的に法改正が行われ、男性もより育休が取得しやすい環境になりつつあります（158ページ参照）が、パパの育休の取得時期について、悩む方もいます。

ママだけではなく、**パパも、多胎妊娠がわかった時点で、上司にふたご（みつご）が産まれる予定であることや育休の取得を考えていることを事前に伝えておくほうが、協力を得られやすいでしょう。**

また、取得時期については、多胎の場合は低出生体重児で産まれる場合も多いため、子どもたちはNICUに長期に入院し、ママだけが先に退院となる場合もあります。そのため、可能であれば子どもが退院してきてから、パパの育休も取得したほうがよいのではないかと思います。

最後に、ママが復職することで、新たに育児と仕事のバランスが求められ、より夫婦の話し合いと協力が必要になります。職場からの期待に対して自分がどこまで応えられるかなど、新たな葛藤にも直面するかもしれません。

復職当初は、育児中心の生活から仕事モードに変わり、周囲とのギャップを感じることもあるでしょう。また、ふたりが病気にかかり、仕事を長期間休まざるを得ない場合もあるため、周囲に対して申し訳なさを感じることもあります。

しかし、焦りは禁物です。**「育児という経験もこれからの仕事にも役に立つだろう」と自分にいい聞かせ、少しでも自分のリラックスした時間を持つように心がけましょう。**仕事も家事も効率化できる部分は効率化し、周囲の人の手を借りつつ、仕事と育児のバランスを保ちながら、日々の生活を頑張りすぎずに過ごしてほしいと思います。

パパの役割

ふたご・みつごパパの家事・育児

ふたご家庭においてパパが果たせる役割には、どのようなことがあるのでしょうか？

「授乳」以外はパパにもできる

「イクメン」という言葉が広がって久しいですが、以前よりも〝男性・パパが育児をになって当たり前〟という風潮になってきました。**ふたごやみつごを授かった場合はなおさら、パパは子育てにかかわらざるを得なくなります。**赤ちゃんひとりを育てるのとはまったく手間も負担も異なります。「育児はママに任せる」という発想は切り替えなくてはなりません。

「授乳」以外はパパでもできることばかりです。子どもたちをお風呂に入れたり、おむつを替えたり、哺乳瓶をふくませたりと、ママと分担していかないと、ふたごの育児は乗り切れないのが実情です。

パパが育児に積極的にかかわっていると、ママの育児満足感や幸福感が高く、子どもの健康や発達にもよいといわれています。そして、パパ自身が育児の喜びや大変さを理解することにもつながるでしょう。

家族のケアもパパの仕事

食事の支度や掃除などの家事を分担するだけでなく、気持ちの面でママをサポートすることがとても重要です。特に乳児期においては、お産の後で体の状態もホルモンバランスも乱れている中、「気を抜いたら子どもたちを死なせてしまうかもしれない」という不安や恐怖を24時間３６５日背負い続けることの重圧は計り知れないものです。

それに加えて、子どもが寝返りを打つようになったり、ハイハイをするようになったり、ミルクや母乳から離乳食になったりと、日々対応が少しずつ変化していきます。「家族会議」を定期的に行うなどをして、一緒に考えて役割分担を見直すことで、そのプレッシャーの一部をになうことができるかもしれません。

　また、子たちが少し大きくなれば、外に連れ出したり、遊び相手になったりする間にママに息抜きをしてもらう方法もあります。勤めに出ているパパに対して、ママは子どもが乳幼児の時期は育児に専念し、自宅に閉じこもりがちになります。例えば、妊娠期以来、久しぶりに美容室に行けるようにするなど、ママが心身ともに休める時間をつくってあげることを心がけましょう。子どもたちにとっても、ママが元気になることはプラスになります。

　睡眠不足が続く中で育児を頑張りすぎて、自分を追い込みがちなママに対して、直接になうことにも限界があります。**「無理をしなくていい」「家事は手抜きもOK」と、使える支援やサービスを探したりしていたわることこそ、最も大切かもしれません。**

　多胎は定期健診に連れて行くのも大変なので、仕事を半日休んでつき添う場面も出てくるでしょう。勤めが忙しくても時間をやり繰りできないか、工夫してみてください。

　また、育児は絶え間なく続いていきます。休みがとれないとしても、日々なるべく早く帰宅するようにするだけでも、ママの負担軽減につながるはずです。

　一方、パパが頑張りすぎて、パパ自身が参ってしまう、といった話もあります。パパの産後うつのリスクも高まっています（60ページ参照）。ママを支えようとするあまり、過度にプレッシャーを感じて、体調を崩しては本末転倒です。無理なく育児に携われるよう、夫婦で話し合ってうまく分担していきたいものです。

「プレパパママ教室」に参加しよう

　居住地域で、出産前の夫婦を対象にした「プレパパママ教室」が開催されているようでしたら、参加することをおすすめします。赤ちゃんの抱っこの仕方や、お風呂の入れ方（沐浴）のコツなどを教えてもらい、人形を使って試してみるだけでも、ずいぶんと実践に役立つはずです。

　ふたご・みつごパパには、ふたご・みつごパパにしかわからない大変さや、共感することもあるはずです。地域やオンラインなどでふたご・みつごパパのコミュニティを見つけてつながっておくと、役に立つことがあるかもしれません。

育児休業

パパの育休活用と育休に対する考え方

まだまだハードルが高く感じられるパパの育児休業（育休）。しかし、男性向けの育休制度が新設されるなど、状況が変わり始めています。

多胎の育休は理解を得やすい

赤ちゃんを夫婦で協力して育てる中で、勤めを一定期間休む「育児休業」を活用する方法があります。法律にもとづく国の制度で、もちろん男性でも取得できますが、まだ十分に使われていないのが現状です。

育休の取得率は、女性が約80%なのに対し、男性は約17%に過ぎません（厚生労働省「令和4年度雇用均等基本調査」）。男性の取得率は少しずつ上がってきてはいるものの、「会社や上司の理解が得にくい」「担当している仕事が忙しくて無理」という人も少なくないようです。勤務先の規模や職種、自身の役職などによっても、休みやすいかどうか違いがあるでしょう。

しかし、**男性の育休はふたごの育児にとっては特に有効ですし、周囲の理解も得やすいはずです。**もし「男性の育休は前例がない」ということであれば、ふたご（みつご）のパパとなった自分が「男性育休取得の第一号になる」と考え、動いてみてはいかがでしょうか。

産後パパ育休制度が令和4年から新設

以前に比べ、育休の制度は少しずつ充実がはかられています。対象期間は原則、子どもが1歳になるまでで、希望の時期に開始し、期間を決められます。2回に分割することも可能です。

令和4年10月からは、「産後パパ育休（出生時育児休業）」も新設されました。子どもが生まれた後8週間以内に4週間まで取得が可能というものです。詳しくは厚生労働省のホームページや勤務先の人事担当者に確認してみてください。

また、従業員が１０００人を超える企業は、育休の取得状況を年1回公表することが義務づけられました。育休を理由とした不当な取り扱いやハラスメントも禁止されています。

育休を利用するのに制度は整っています。あとは、当事者が利用するかどうかです。

利用する際には、業務の引き継ぎや分担がスムーズに行くよう、**育休を取得したいという希望を早めに勤務先に伝え、職場の上司や同僚の理解を得ることが大事でしょう。**

収入面での不安も改善されつつある

男性の育休の取得が進まない理由として、「収入が減る」ことへの不安があるようです。

育休を取得した場合、休業前の賃金の67％に相当する育児休業給付があり、さらに期間中は社会保険料が免除されるため、実質、賃金の8割が保障されることになっています。

2025年4月からは、パパ、ママともに育休を14日以上取得した場合、育休給付が最大28日間、実質10割に引き上げられます。有給休暇を一部充てる方法もあります。

育休期間中は一定の収入減を覚悟しなくてはなりませんが、それでも育休の必要性は大きいように思います。メリットに目を向けて、決断してみてはいかがでしょうか。

なお、育休の期間については、「1週間とった」という体験談も耳にしますが、それではとても十分とはいえません。男性の育休期間は2週間未満がほとんどですが、最近では3カ月や半年といった事例も出ています。もちろん、1年間取得することも可能です。

かけがえのない経験としての育休

最近では少しずつ育休への理解が広まりつつある一方、「とるだけ育休」などという批判も耳にします。パパは育休をとったものの、育児も家事も大してやらない、といったものです。

もちろん、育休に入ったなら、育児に携わり、ママと赤ちゃんの世話などを分担するのが本来ですが、「完璧な育休」を求められると、かえってハードルが高くなってしまいます。「とるだけでもいいじゃないか」というと批判を浴びそうですが、自宅で子どもたちと過ごすことが、ママの安心感に少しでもつながれば、育休取得も無意味ではないのではないかとも思います。何より、**子どもたちと一緒に過ごす時間を多く持つことは、後で振り返ればパパとしてかけがえのない経験になるはずです**。夫婦で話し合ってうまく対応して、育児の大変な時期を乗り切ってほしいものです。

祖父母の協力

ふたごやみつごのおじいちゃんおばあちゃんへ

「手伝うつもりが迷惑になってしまった」という事態を避けるために、ふたごやみつごのおじいちゃん・おばあちゃんになる方に知っておいてほしいポイントを紹介します。

「手伝う」前に学び直そう

娘さんやお嫁さんがふたごやみつごを妊娠したと聞いて、うれしさとともに心配も大きくなったと思います。

ふたごやみつごの妊娠、出産、育児は、ひとりのそれとはまったく違います。まず「自分の経験はほとんど役に立たない」「ふたご（みつご）の常識はひとりの場合とはまったく違う」ということを肝に銘じましょう。

どのように違うのかは、この本をじっくり読んでみてください。例えば、ふたご妊娠に安定期はありません。ですから、「妊娠後期は動いたほうがよい」というひとりの妊娠とは違って、むしろ安静にすることを勧められる場合が多いのです。お医者さんにどういわれているかを本人に聞いて、それに従うようにしましょう。

ふたごやみつごの妊娠は、母体に大変な負担がかかります。大いに労い、必要に応じて助けてあげてください。特に上の子がいる場合、おじいちゃんおばあちゃんの手助けが必要な場面が多くあると思います。

初産の場合も経産の場合も、妊娠中だけでなく産後の生活もイメージして、どのようなときにどのような手助けをするのか、本人たちと相談して準備しておくとよいでしょう。

本人たちを尊重しよう

また、ふたごやみつごの場合、早産や低出生体重で産まれることが多いです。**「こんなに早く？」「なんて小さな赤ちゃん」などの言葉は、ママを傷つけます。**大変な妊娠生活に耐えて、危険な出産を乗り越えたことを労い、まずは休ませてあげましょう。

産後の母体の回復も遅いので、できるだけ助けてあげたいものです。

買い物や家事をになってくれる人がいると、ママも助かるでしょう。

また、心配のあまり、あれこれと口を出したくなるものですが、これもぐっと我慢しましょう。妊娠中の過ごし方も、育児のやり方も、赤ちゃんの人数にかかわらず、時代とともにかなり変化しています。例えば、昔はよいとされていた赤ちゃんの日光浴ですが、今はやらないほうがよいといわれています。

そもそも、子どもたちの親は娘さん夫婦あるいは息子さん夫婦です。**おじいちゃんおばあちゃんの役割は、娘さんや息子さんを見守り支えること。**子育ての主導権はパパとママにあるのですから、やり方は本人に聞きながらにしましょう。

また、娘やお嫁さんを助けようとおばあちゃんが頑張りすぎて、パパの出番がなくなってしまうことも困りもの。「俺はいなくてもいいみたいだな」とパパが疎外感を持つことがないように気をつけましょう。

家族で計画を立てよう

でも、ふたごやみつごの育児は手が足りず、夫婦だけではむずかしいことがあります。赤ちゃんがひとりの場合よりも、家族の助けが必要かもしれません。

助けを求められたときは何を置いても駆けつけてあげてほしいと思いますが、育児は1日で終わるものではありません。過酷な育児を一緒に長くやっていると、おじいちゃんおばあちゃんのほうが疲れて体を壊してしまう場合があります。育児は息の長いもの。**共倒れしないように、妊娠中から家族でサポート計画を立てておくとよいでしょう。**

また、おじいちゃんおばあちゃんにも自分たちの生活があります。都合がつかないこともあるでしょう。そんなときは無理をせず、社会資源などを大いに活用しましょう。

「手を引く」ことも大切

手をかけた孫はかわいいもの。手伝っているうちに、どんどんかわいくなってくるので離れがたくなるでしょう。

でも、「手を引く」ことも大切です。〝パパとママと子どもたち〟が家族の基本単位。**パパとママが自立してやっていけそうになってきたら、だんだん手を引いていくのも、おじいちゃんおばあちゃんの役割かもしれません。**子育ての醍醐味と喜びは、パパとママのものなのですから。

Column 6

福祉はあなたの身の回りに

みんなの幸せのために福祉がある

もはや、ひとりの育児であっても、ふたごの育児であっても、ママ、もしくはパパがひとりで子育てをする時代ではありません。子育てを含む多様なケアは、家族だけで行うものではなく、地域社会や社会全体で支えながら行うものなのです。そうした支え合いを通じた「みんなが幸せに暮らせる仕組み」こそが「福祉」であり、それらを利用することは「甘え」や「甘ったれ」ではありません。

悩みや不安は愛情の証

まずは、自分が何を求めているのか、何が足りないと感じているのか、シンプルに考えてみましょう。ふたごを育てる家庭においては、多様な「何か」に不足している状態が多くありますが、不足しすぎて、大変すぎて、何に困っているのか表現できない状況にある方も多くいます。支援者の「大丈夫ですか？」という問いかけには、大変なことがありすぎて「大丈夫です」としか答えられない人たちもたくさんいます。「大丈夫ではないことを伝える」のは非常にむずかしいですよね。改めて、自分の欲求に、真っ直ぐに向き合ってみてください。

睡眠時間を確保したいのでしょうか？

子どもたちと安全に一緒に遊びたいのでしょうか？

子どもたちの発達に気になるところがありますか？

子どもたちの泣き声にしんどさを感じてしまいますか？

どのような悩みであっても、子どもたちへの愛情があるからこそ悩みがあるのだと自分を肯定しつつ、まずはお住まいの地域の行政窓口（母子保健課や子育て支援課など）や児童相談所などへ今の気持ちや現状を伝えてみてください。

児童相談所は、相談することですぐに親子を引き離すことが仕事ではなく、「相談所」です。もし、何に困っているのかいえないほどに困っている状況にあったとしたら、「何に困っているのかわからないほど困っている」と伝えても大丈夫です。

どのような育児であっても孤立した状況を防ぐために、たくさんの専門的な知識を持った福祉を考える人々が、あなたを大切に思っています。

7章

子どもたちから ママ・パパへ

ふたごの育児をしていると、「(単胎の親子と比べて)
子どもたちへ十分な愛情を注げていないのではないか？」
と、不安になることがあります。
けれども、本当にそうなのでしょうか？
ここでは、ふたご当事者たちの声を紹介します。
自信を持って、安心して子育てを頑張ってください。

当事者の声

「ふたごに生まれて、よかった！」

ふたご本人たちは、ふたごに生まれたことをどのように感じ、考えているのでしょうか？ 当事者である著者の声を紹介します。

「ふたごに生まれて、よかった？」

昔、テレビ番組で「50組100人のふたごにある質問をしました。全員同じ答えをした質問とはどんな質問だったでしょう？」というクイズがありました。

僕は一瞬でわかりました。

正解は、「もう一度生まれるとしたらふたごに生まれたいですか？」という質問です。そして、**ふたごたちの答えはもちろん全員「イエス」でした。**「もちろん」といったのは、これはふたごに共通した気持ちだからです。ほぼみんなといってもいいふたごがそう思っています。

僕は、今まで何百人のふたごに出会ってきましたが、ふたごにもう一度生まれたくないといった人は、たったひとりだけでした。

ふたごの育児は大変だけれども

一方、ママたちはどうでしょうか。「もう一度出産するとして、ふたごを産みたいですか？」と尋ねられると、多くのママたちは「もう勘弁して」というと思います。確かに、ふたごのママたちは大変な苦労をするので、きっと二度とごめんだと思うのかもしれません。

でも、そうした方々には大変申し訳ないですが、ふたごたち自身はほぼ全員、自分がふたごであることに満足し、もう一度ふたごに生まれたいと思っているのです。**絶対に伝えたいのは、みなさんの苦労は報われるということ。**みなさんのお子さんはみな「ふたごでよかった」と思っているからです。

ふたごの自尊感情は一生もの

さて、ふたごの場合の自尊感情とは、まず自分と相手がともにふたごであることを認め、それを受け入れ、さらにその上に、そうした自分が大切、好きに思えることです（128ページ参照）。単に自分が好きと思えることではなく、あくまでもふたごとしての自分が好きだということが大切です。そして、小さいときに育まれたふたごとしての自尊感情やふたごとしての自覚は、やがてやってくる思春期・青年期などを心のいちばん奥で支える、否、一生を支える土台です。それさえあれば、どんなことも乗り越えられると思います。

そのためにも、**ママもパパも、ぜひふたごであることを日ごろから肯定的に話してください。**

ふたごも少し大きくなると、きっと「ママ、なんでふたごに産んだん？　ふたごでなかったらよかったのに！」といいます。もし、みなさんのお子さんがそういったら、「あっ、いよいよ始まったな」「わが子たちもずいぶん成長したな」と思ってください（もちろん、本人たちにいってはダメですよ）。

「ふたごでよかったね！」

ふたごで生まれていちばん素晴らしいことは、ふたごには、世の中に自分のことをわかってくれる人間が絶対にもうひとりいるという安心感です。世の中すべてに見放されても、絶対に自分の味方をしてくれる人がもうひとりいる。この安心感をつくっているのがふたごの絆です。ふたごはふたごから逃れることはできません。

ふたごとしてのお互いの関係性をしっかりと確立する、ふたご同士がしっかりと仲よくなることが大切です。ですから、ふたりで遊んでいるときなどに「〇〇ちゃん、△△ちゃん。ふたごでよかったね—」「ふたりで仲よく遊べていいね—」と、**ふたりで仲よくしていることに対して肯定的な声がけをしてあげてください。**そして、そのことを一緒に喜んでくれるとうれしいです。

当事者の声

「罪悪感」を持つ必要はまったくありません！

ふたごの子育ては愛情が半分になってしまう？　そんなことはありません！
引き続き、当事者である著者の声を紹介します。

子どもはふたりでも愛情は2分の1ではない

あるとき、母が「自分はお前たちの世話が十分にできなかった。ちゃんとした育児ができず、ごめんよ、ごめんよ」と急にいい出して、文字通り「わ〜ん、わ〜ん」と大声で泣き出しました。僕は、突然のことで、そして大人もこんなふうに幼児のように泣くことがあるんだなあとびっくりしてしまいました。仕方なく、まるで自分の子どもにするように頭をよしよしと撫でながら、「そんなことはないよ、そんなことはないよ」と一生懸命に慰めました。

そうなのです。ふたごを育てた方々はみなさん、ひとりひとりに十分に手間をかけられなかった、ひとりひとりに十分に愛情を注げなかったと罪悪感のようなものを持っているようです。

しかし、**愛情というものは物理的なものではないので、ふたりに分けたからといって、2分の1になるものではありません。**あるいは、片一方に愛情を注ぐと、もう一方の愛情が減るといった「ゼロサム」関係でもありません。

ふたごのひとりひとりを大切にすることはとても重要で、そしてときどきふたごのひとりだけに集中して

miniコラム

平等にしたい 〜先輩ママの体験〜

私は、ふたごだからひとりひとりを大切にして、なるべく平等に育てようとちょっと頑張りすぎていました。あるとき、ふたごの育児サークルに参加して、先輩ママたちから、そんなに細かく無理をしなくても大丈夫だよと声をかけてもらい、肩の力が抜けました。それからは、無理をしない範囲での平等に心がけています。

向き合うこともよいことだと思います（これは上や下に兄弟姉妹がいる場合にも当てはまります。ときには「〇〇ちゃんデー」と称して、ひとりの子に集中して遊んだりしてあげることがあってもいいと思います）が、〝ひとりに愛情を注いでいることのほうがふたりに愛情を注いでいることより愛情が多い〟ということは決してありません。ママから見るとふたごはふたりですが、ふたごから見ると、実はママはひとりに見えるので、ある面、自分とママがちゃんと一対一の関係に思えるときもあるのです。

本当に大切なことはママの気持ち

ふたごの育児はそもそも単胎児の場合とは違うので、そこで比較しても意味がありません。

ふたご自身は自分が受けた育児しか体験しないので、「単胎相手の育児」と「自分が受けた育児」を、自分の経験として比較することはありません。むしろ**大事なのは、ふたごのふたりを一生懸命育てていこう、ふたりに愛情を注ごうという気持ちのほうです。**

その気持ちさえあればそれで十分なのです。ふたごはその気持ちや姿勢を受けとめ、愛情を持って育てられたと感じます。

自分の育児に自信と誇りを持って

ふたごというものはママ、パパに対して感謝こそすれ、絶対に（ふたごであることを理由に）恨んではいません。ママ、パパが大変な状況の中で一生懸命愛情を注いでくれたことをよく知っているので、むしろ感謝の念が強いのです。

僕の母のように「ごめんね、ごめんね」と思ってくれること自体は本当にありがたいことではありますが、そんなことはまったく必要ないのです。ふたごのママ、パパには、自分の育児に自信と誇りを持ってほしいと思います。

上の子の声

ふたごの上の子からのメッセージ

ふたごを「きょうだい」に持つ子たちは、何を感じ、どう考えているのでしょうか？

ふたごの妹がいる〝上の子〟の声を紹介します。

ふたごの妹を持つ姉からふたごママたちへ

多胎児の上に兄姉がいる場合、親はその子どもたちに「今までのように手をかけられず、寂しい想いをさせる（させている）のではないか」と心配するものです。

そこで、「ふたごの妹を持つ姉」という立場の方のメッセージを紹介します。

「ふたごの姉」であることは大変？

私は下に3歳8カ月離れたふたごの妹がいます。ふたりは二卵性で、顔も背丈も性格もまったくといっていいほど似ていません。しかし、同じ言葉を同時にいったり、同じ間違いをしたり、何でも共有したり、片方がいないと寂しくなったり……、ところどころ「ふたごだな」と感じるところがあります。

ふたごの妹がいるとよく、「え！妹ちゃんふたごなの？　すごい！」や「大変じゃない？」といわれることがあります。けれども私は、今までにふたごの妹がいて大変だと思ったことはありませんでした。むしろ、**私としては毎日が明るく楽しいのです。**

自分が長女だからということもあ

るでしょうが、私は年下の子の面倒を見ることや、何かを教えてあげることが好きです。そんな私にとって、同じ年の妹がふたりいたことは、まるで小さな学校の先生みたいで、心を弾ませていたと思います。

寂しさはあったけれども

ただ、私がこのように考えることができるのも、両親と祖父母のおかげだと思います。

妹が生まれたときの私の感情として、間違いなく「寂しさ」はありました。自分の保育園の入園式に、母はいませんでした。妹たちがおなかにいて、切迫早産で入院していたからです。それは出産まで2カ月間ほど続きました。保育園生活が始まって、毎日起こるさまざまなことを、母に報告することができなかったのです。

出産を終え、「やっと母が帰ってくる……!」と思ったのもつかの間、ふたごです。父だけでなく、祖母も祖父も、私どころではなくなってしまいました。

3歳の女の子が寂しくないわけがありません。かまってほしい絶頂期です。

ただ、両親や祖父母はどんな状況でも、どんなに忙しくても、みんなが私の話を聞いてくれました。保育園で遊んだ友達のこと、食べたおやつのこと、お遊戯会の歌の練習のこと。絶対にいらない泥団子も、私がつくって持って帰ってくるたびに玄関に並べて大切にとっておいてくれたのです。

ちょっとしたことでも、私に使ってくれている時間があるということが、私にとってはたまらなくうれしいことでした。

そして、両親や祖父母は、私を少しずつ「お姉ちゃん」として育ててくれました。ふたごの育児を「やってみる?」と手伝わせてくれました。子ども用の包丁を買って、料理を教えてくれました。小学校へ入学するときも、申し分がないほど準備をしてくれました。

妹たちが大きくなるまで、ほとんどの目はふたごに向けられていましたが、そこには、確かに姉として私がいられる場所がありました。そんな私の中の存在意義が、私を寂しさから引き抜いてくれました。

ふたごの妹たちはなくてはならない存在

今では妹たちも大学生になり、趣味の話で盛り上がったり、一緒に出かけたりと、私にはなくてはならない存在です。**今日まで生きてきて、妹がふたごであることに対して劣等感や嫌悪を抱いたことはありません。**誕生日プレゼントの出費は痛いですけどね。

下の子の声

ふたごの下の子からのメッセージ

ふたごを「きょうだい」に持つ子たちは、何を感じ、どう考えているのでしょうか？ふたごの姉がいる〝下の子〟の声を紹介します。

ふたごの姉を持つ弟からふたごママたちへ

親にとってふたごの下に弟妹が誕生することは、うれしい反面、ふたごと年が近いと育児が過酷になりがちです。

また、親は子どもへの愛情が不足していないか、十分に世話ができていないのではないか、親は子どもたちに平等に対応しているつもりでも、弟妹がふたごや親をどのように見ているのかなど、不安になってしまうものです。

ここでは、「ふたごの姉を持つ弟」という立場の方からのメッセージを紹介します。

「公平な仲裁者」が大切

私は2歳上であるふたごの姉たちと同じ小中高学校に通っていました。姉たちは、よき友人、ときにはよき競争相手でした。姉たちに追いつけ追い越せと勉学に励むことができました。

私たちの性格は異なり、喧嘩が日常茶飯事でした。それでも、喧嘩の後は気づいたら仲直りしていました。今振り返ると、家族が喧嘩の仲裁に入ることが多かったように思います。**公平な仲裁者がいないとふた**

ごに負けてばかりだったので、仲裁者の存在は非常にありがたかったです。些細なことで喧嘩していたことを、今では懐かしく感じます。

私たち姉弟は高校生になったころから喧嘩はなくなりました。しかし、学校の成績や進学先など、無自覚に姉たちと比較してしまう日々が続きました。そのことで私は自己評価に悩むようになり、自己肯定感が低かった時期を過ごしました。大学生になると、姉たちや家族と距離ができ、新しい環境で自分自身を見つめ直す機会を得られました。私にとって、非常に重要な期間であったと思います。

下の子が引け目を感じないように

現在、私は希望の職種に就くことができ、毎日が充実しています。姉たちを含む家族とも仲よく過ごせていると考えています。年齢の近い姉たちがいることで、自分と比較をしてしまい苦しむ時期もありましたが、今では姉たちを頼りになる存在だと思えるようになりました。

ふたごと下の子がどのくらい年齢が離れているかにもよりますが、成長するにつれて、下の子にとって、ふたごの兄姉は気になる存在になるのではないでしょうか。

ふたごはいろんな意味で注目されがちです。そんな存在の兄姉がふたりいれば、下の子は何かしら引け目を感じてしまうような場面があるかもしれません。**ふたごそれぞれに分け隔てなく接するように、下の子の気持ちにも同じように向き合ってほしいと思います。**

子どもそれぞれの個性を尊重する

そして、ふたごとその弟妹を育てているみなさんへお願いがあります。

ふたごがいることで、子どもの意見が多数派と少数派に分かれ、ときには喧嘩も生じるかもしれません。そのような状況でも、**親として中立的な立場を保ってほしいと思います。**子ども同士の喧嘩や意見の相違に対しても、子どもたちが自分らしく成長できるよう、ふたごとその弟妹の異なる個性を尊重し、お互いが理解し合う手助けをお願いします。

mini コラム

ふたごの弟や妹 〜先輩ママの体験〜

ふたごの下にきょうだいがいる場合はその下の子にもフォローが必要です。特に子どもが小さいうちは、「勇気いっぱい○○ちゃん」「お利口、○○ちゃん」と1日1回は子どもたちひとりひとりのよい面を褒めるようにしました。また、パパやママだけで不十分な場合は、祖父母や周囲の協力を仰ぎました。

みつご家庭

みつごのママ・パパになる方へ

みつごの妊娠・出産・育児は、ふたご以上に過酷です。本書の最後に、みつごのママ・パパに伝えたいことがあります。

「みつご」の高いリスク

この本は、主にふたごについて書いてあります。もちろん、多胎育児という点では、みつごもふたごと似たところがあります。

しかし、**みつごの妊娠や出産はふたごよりもリスクが高いといわれているので、妊娠期から病院での管理もより慎重になります。**平均的には4～8週間程度の管理入院となることが多く、順調にいくと33週前後で出産になります。ですから、赤ちゃんも１５００～１８００ｇ程度で産まれることが多いです。

みつごの赤ちゃんはほとんどＮＩＣＵに入院し、退院できるまで3～4週間程度かかります。みつごの場合はそれぞれの妊婦さんの状況が異なり経過もさまざまなので、病院の先生たちとよく相談し、安心して出産を迎えられるといいと思います。

夫婦で協力しても人が足りない

育児も、ふたごとはまったく違います。3人の新生児を一緒に育てるのは、想像を超える大変さです。

ふたごとの違いは、夫婦で協力しても、もうひとり赤ちゃんが余ってしまうという点です。誰かの助けがなければ、パパもママも疲れて倒れてしまいます。夜中も大人がふたりいないと、3人の授乳をこなすのはむずかしいからです。誰がいつ、どのように手助けに入るのか、妊娠中に家族で相談してシフトを決めておくとよいかもしれません。

「乗り切る」だけで十分！

もし、パパが育児休暇をとるのがむずかしいならば、夜中もママと一緒に授乳を助けてくれる人を最低限ひとりは確保しましょう。それもむずかしい場合は、赤ちゃんたちがミルクを飲む時間を合わせて「ひとり飲み」をさせて乗り切りましょう（ただし、飲み終わるまで目は離さないでください）。かわいそうに思えるかもしれませんが、生後半年ぐらいまでは、子育てというより授乳作業という感じで大丈夫です。とにかく生きてさえいればよいと考えてください。**この時期は、親も子も、命をつなぐことが最大の課題です。**

いい子に育てることや、親子のつながりなどは、後からいくらでもできます。この時期は、とにかく夜寝るようになるまで大きくする、それまでを乗り切ることを考えるだけで十分なのです。

親は一生、親なので、その後の長い時間をかけて、あなたらしく育てることは十分できます。

生きてさえいれば、後からどんなこともしてあげられます。慌てることはないのです。

はじめは過酷だけれども

最初の1年間は本当に体もつらく、過酷です。1年経っても楽になるわけではありませんが、1歳半〜2歳ぐらいになると、「ふたごより楽」と感じる場面が出てくるかもしれません。

例えば、みつごの親は早くから「ひとりひとり違う」ということに気がつきます。ですから、〝比べる〟ということの無意味さに早くに気がつけるのです。**子どもたちを比べて悩むということが、ふたごよりは少ないかもしれません。**

子どもたちも、待つことや順番ということが早くに身につくように思います。ふたごよりも待つことが多いからかもしれません。また、3人なので待っているのが自分だけでなく、「もうひとり待っている仲間」がいることが、「待つことに対して寛容になる」のかもしれません。

とにかく、そうした日が訪れるまで頑張ってください。

そうやって乗り切っていくうちに、ふと気づくと、赤ちゃんたちも目を見つめたり、あやすと笑ったりするようになり、「かわいい」と思える時期がやってきます。

もし、**つらくて耐えられそうにないときは、保健師さんや周りの人に気持ちを聞いてもらってください。**過酷な育児をしているのですから、そう思っても当たり前なのです。誰でも、そうなります。

いつかやってくる大丈夫な日まで毎日、「今日も頑張った！　私のおかげで、みんな生きている！」と自分を褒めてあげてくださいね。

青木茂・関和男（監修）『双子&三つ子ママの妊娠・出産・育児—妊娠〜3才代の育児まで、まるごとわかって安心！（たまひよ新・基本シリーズ＋α）』ベネッセコーポレーション，2021年

天羽幸子・ツインマザースクラブ『ふたごのお母さんへ—ツインマザースクラブが贈るお母さんの知恵』ブレーン出版，1992年

井上美津子「食べる機能と味覚の発達〜小児の口の発育から見た離乳食・幼児食の進め方〜」『沖縄の小児保健』第35号，2008年，36−43.

医療情報科学研究所（編）『病気がみえる』第10巻産科第4版 メディックメディア，2021年

大塚美邪子・越智真奈美・竹原健二他「末子が未就学児の子どもを持つ父親の労働日における生活時間」『厚生の指標』第68巻15号，2021年，24-30.

加藤則子『すぐに役立つ双子・三つ子の保健指導book—これだけは知っておきたい多胎育児のコツと指導のポイント』診断と治療社，2005年

金融庁『ライフプランシミュレーション』（https://www.fsa.go.jp/policy/nisa2/lifeplan_sim/index.html）

厚生労働省『育児・介護休業法について』（mhlw.go.jp/stf/seisakunitsuite/bunya/0000130583.html）

厚生労働省『人口動態調査 人口動態統計』（https://www.e-stat.go.jp/dbview?sid=0003411625）

小島潤子『双生児（ふたご）の内的世界Ⅰ 自己（セルフ）と影（シャドウ）破滅と変容の象徴として』文芸社，2003年

消費者庁『子どもを事故から守る！ 事故防止ハンドブック』2023年

末原則幸（著）・大岸弘子（指導）『ふたごの子育て第2版 多胎の赤ちゃんとその家族のために いっしょうまれいっしょそだち』母子衛生研究会（旧：母子保健事業団），2021年

高橋恒男・関和夫（監修）『双子&三つ子ママの妊娠・出産・育児—妊娠〜3才代の育児まで、まるごとわかって安心!（たまひよ新・基本シリーズ＋α）』ベネッセコーポレーション，2006年

武弘道『ふたごの話、五つ子の秘密（講談社SOPHIA BOOKS）』講談社，1998年

小さく生まれた赤ちゃんへの保健指導のあり方に関する調査研究会『低出生体重児保健指導マニュアル』（平成30年度子ども・子育て支援推進調査研究事業）みずほ情報総研，2019年

小さく生まれた赤ちゃんへの保健指導のあり方に関する調査研究会『多胎支援のポイント』（平成30年度子ども・子育て支援推進調査研究事業）みずほ情報総研，2019年

ツインズMLパパの会・墨威宏（編）『ふたご・みつごのおとうさんへ』ビネバル出版，2000年

堤ちはる「食行動の発達とその支援」『小児内科』Vol.46，No.8，2014年，999-1003

東京大学教育学部付属中・高等学校（編）『双生児—500組の成長記録から』日本放送出版協会，1978年

東京大学教育学部附属中等教育学校（編）『ふたごと教育：双生児研究から見える個性』東京大学出版会，2013年

日本小児科学会『子どもの予防可能な障害と対策』2024年現在（https://www.jpeds.or.jp/uploads/files/sho_jiko_g_a.pdf）

日本精神神経学会・日本産婦人科学会（監修）「精神疾患を合併した、或いは可能性のある妊産婦の診療ガイド」『精神神経学雑誌』第124巻,2022年（別冊Web版）

日本多胎支援協会『妊娠期からの多胎ファミリー教室 テキスト』2016年

日本多胎支援協会『ふたごの妊娠・出産』（ふたごポケットブック1）2019年

日本多胎支援協会『なぜふたごは小さく生まれるのか』（ふたごポケットブック2）2021年

日本多胎支援協会『ふたごの授乳』（ふたごポケットブック3）2019年

日本多胎支援協会『ふたごの発育と発達』（ふたごポケットブック4）2019年

日本多胎支援協会『フレーフレー、お母さん！フレーフレー、お父さん！』（ふたごポケットブック5）2020年

日本多胎支援協会『ふたごの沐浴・入浴〜より安全に・より安心に〜』（ふたごポケットブック6）2022年

日本多胎支援協会『ふたご家庭の事故予防』（ふたごポケットブック7）2021年

日本多胎支援協会『ふたごの外出』（ふたごポケットブック8）2022年

日本多胎支援協会『ふたご・みつごの子育てガイドブック〜ふたご・みつごを安心して産み育てるために〜』2021年

母子保健事業団『ふたごの子育て—多胎の赤ちゃんとその家族のために』2013年

ペリネイタルケア編集委員会（編）『ペリネイタルケア2023年8月号〈特集〉多胎妊娠 産前産後の母児支援』（第42巻8号）2023年

村越毅（編）『多胎妊娠 妊娠・出産・新生児管理のすべて』（改訂第2版）メディカルビュー社，2024年

横山美江（編）『双子・三つ子・四つ子・五つ子の母子保健と育児指導のてびき』医歯薬出版，2000年

Garon-Carrier G, Bégin V, Brendgen M, Vitaro F, Ouellet-Morin I, Dionne G, Boivin M.“Classroom Placement and Twins' Social Behaviors in Elementary School: Providing Empirical Evidence to Inform Educational Policy” *Educ Policy (Los Altos Calif)*, 36(7) 2021, 1850-1875.

Griffith J.S. ”ICOMBO SCHOOL PLACEMENT OF MULTIPLES STUDY”2020（https://icombo.org/wp-content/uploads/2020/07/ICOMBO-SCHOOL-PLACEMENT-OF-MULTIPLES-STUDY-July-2020.pdf,）

ICOMBO “Classroom Placement of Multiple Birth Children -Information for parents” (https://www.env.go.jp/policy/hakusyo/h20/index.html)

ICOMBO “Declaration of Rights of Twins and Higher Order Multiples”2022, (https://icombo.org/wp-content/uploads/2022/06/Declaration-2022.pdf)

日本多胎支援協会（訳）『ふたご・多胎児の権利の宣言とニーズの声明（2020年改訂版）』2020年（https://jamba.or.jp/about-index/declaration_of_rights_2020/）

Pascal H, Carlier M, Dolan C.V, de Geus E.J, Boomsma D.I “Social Comparison Orientation in Monozygotic and Dizygotic Twins” *Twin Research and Human Genetics*, 20(6) 2017, 550-557.

Paulson J.F, Bazemore S.D."Prenatal and postpartum depression in fathers and its association with maternal depression: a meta-analysis"*JAMA*. 303(19) 2010, 1961-1969.

Segal N.L. "Twin Mythconceptions: False Beliefs, Fables, and Facts about Twins" *Academic Press*, 2017.

Segal N. L "Indivisible by Two: Lives of Extraordinary Twins" *Harvard University Press*, 2005.

Takehara K, Suto M, Kato T. "Parental psychological distress in the postnatal period in Japan: a population-based analysis of a national cross-sectional survey" *Sci Rep10,* 13770 (2020). (https://doi.org/10.1038/s41598-020-70727-2)

Tokumitsu K, Sugawara N, Maruo K, Suzuki T, Yasui-Furukori N, Shimoda K. "Prevalence of perinatal depression among Japanese men: a meta-analysis" *Ann Gen Psychiatry*. 19(1) 2020, 65. doi: 10.1186/s12991-020-00316-0. PMID: 33292315; PMCID: PMC7677771.

Tully L.A, Moffitt T.E, Caspi A, Taylor A, Kiernan H, Andreou P. "What effect does classroom separation have on twins' behavior, progress at school, and reading abilities?" *Twin Research*, 7(2) 2004, 115-24.

van Leeuwen M, van den Berg S.M, van Beijsterveldt T.C, Boomsma D.I."Effects of twin separation in primary school" *Twin Res Hum Genet*., 8(4) 2005, 384-91.

Vilska S, Unkila-Kallio L. "Mental health of parents of twins conceived via assisted reproductive technology" *Curr Opin Obstet Gynecol*. 22 2010, 220–226. [PubMed: 20305559]

Wang D, Li Y.L, Qiu D, Xiao S.Y. "Factors Influencing Paternal Postpartum Depression: A Systematic Review and Meta-Analysis" *J. Affect Disord*. 293 2021, 51-63. doi: 10.1016/j.jad.2021.05.088. Epub 2021 Jun 5. PMID: 34171611.

Webbink D, Hay D, Visscher P.M. "Does sharing the same class in school improve cognitive abilities of twins?" *Twin Res Hum Genet*, 10(4) 2007, 573-80.

White E.K, Garon-Carrier G, Tosto M.G, Malykh S.B, Li X, Kiddle B, Riglin L, Byrne B, Dionne G, Brendgen M, Vitaro F, Tremblay R.E, Boivin M, Kovas Y. "Twin classroom dilemma: To study together or separately?"*Dev Psychol*, 54(7) 2018, 1244-1254.

執筆協力（日本多胎支援協会理事一覧）

一般社団法人日本多胎支援協会
2024年9月現在
五十音順

役職	氏名	所属・役職	職種・資格
代表理事	志村 恵	公立小松大学 副学長／NPO法人いしかわ多胎ネット 理事／日本双生児研究学会理事	大学教員
理事	糸井川 誠子	NPO法人ぎふ多胎ネット 理事長	高等学校教員／岐阜県コミュニティ診断士
	大岸 弘子	おおさか多胎ネット 幹事／ひょうご多胎ネット 幹事／ツインマザースクラブ 役員	保健師
	太田 ひろみ	医療創生大学 看護学部看護学科 特任教授／多摩多胎ネット	大学教員／保健師
	大髙 恵美	日本赤十字秋田看護大学 看護学部看護学科 准教授	大学教員／看護師
	緒方 京	岐阜協立大学看護学部 教授／NPO法人ぎふ多胎ネット 顧問	大学教員／助産師
	落合 世津子	おおさか多胎ネット 代表／大阪大学医学系研究科附属ツインリサーチセンター 招聘教授／日本双生児研究学会 理事	大学教員／保健師／精神保健福祉士／保育士
	加藤 ゆかり	みやぎ多胎ネット 代表	会社員
	黒川 駿哉	不知火クリニック／慶應義塾大学 医学部精神・神経科学教室 特任助教	大学教員／医師
	玄田 朋恵	NPO法人いしかわ多胎ネット 理事／多胎サークルピーナッツキッズ・クラブ 代表	保育教諭
	佐藤 喜美子	（元）杏林大学保健学部 准教授	助産師／元大学教員
	高原 恵子	（一社）関東多胎ネット 代表理事	臨床心理士／公認心理師／精神保健福祉士
	天羽 千恵子	ひょうご多胎ネット 代表／多胎児子育て支援グループマミーベアーズ	元幼稚園教諭／保育士
	中原 美智子	NPO法人つなげる 代表理事／（株）ふたごじてんしゃ 代表取締役	社会福祉士（ソーシャルワーカー）／会社経営者
	服部 律子	神戸女子大学 看護学部 教授／NPO法人ぎふ多胎ネット 顧問	大学教員／助産師
	日下田 貴政	京都新聞社 編集局総務	新聞記者
	平石 皆子	千葉科学大学 看護学部看護学科 准教授	大学教員／助産師
	松葉 敬文	岐阜聖徳学園大学 経済情報学部 准教授／日本双生児研究学会理事	大学教員
	松本 彩月	四日市大学総合政策学部 特任助教／（一社）沖縄多胎ネット 顧問	大学教員
	村井 麻木	ツインズクラブ久留米 代表／ファミリー・サポート・センターくるめ／（一社）沖縄多胎ネット 顧問	社会福祉士／ファミリー・サポート・センター職員（アドバイザー）

著者紹介

一般社団法人 日本《にほん》多胎《たたい》支援《しえん》協会《きょうかい》

日本中どこでも多胎児を安心して産み育てることができる社会の実現を目指し、2010年2月22日に多胎の当事者、専門職（行政・保健・医療・福祉・教育関係者等）、研究者、育児支援関係者等が対等な立場で結集して設立した、多胎家庭・多胎支援のための中間支援団体。
公式サイト：https://jamba.or.jp/

装丁デザイン	相京 厚史（next door design）
装丁イラスト	伊東 あかり
本文デザイン・DTP	竹崎 真弓（株式会社ループスプロダクション）
本文イラスト	hirochick、伊東 あかり
編集	関根 孝美・花塚 水結（株式会社ループスプロダクション）

会員特典データのご案内

101ページ記載の体験談は、QRコードないしは以下のサイトからダウンロードして入手いただけます。

https://www.shoeisha.co.jp/book/present/9784798178462

※会員特典データのファイルは圧縮されています。ダウンロードしたファイルをダブルクリックすると、ファイルが解凍され、利用いただけます。

●注意
※会員特典データのダウンロードには、SHOEISHA iD（翔泳社が運営する無料の会員制度）への会員登録が必要です。詳しくは、Webサイトをご覧ください。
※会員特典データに関する権利は著者および株式会社翔泳社が所有しています。許可なく配布したり、Webサイトに転載することはできません。
※会員特典データの提供は予告なく終了することがあります。あらかじめご了承ください。
※図書館利用者の方もダウンロード可能です。

ふたご・みつごの安心！ 妊娠・出産・子育てブック
多胎育児の基礎知識と使える制度・ノウハウ

2024年11月13日　初版第１刷発行

著者	一般社団法人 日本多胎支援協会
発行人	佐々木 幹夫
発行所	株式会社 翔泳社（https://www.shoeisha.co.jp）
印刷・製本	日経印刷 株式会社

本書へのお問い合わせについては、8ページに記載の内容をお読みください。

ISBN 978-4-7981-7846-2　　Printed in Japan